相信閱讀

Believing in Reading

財經企管 ⑶⑽

偉大經濟學家
Joseph Alois Schumpeter

熊彼德

封面設計／吳慧妮

偉大經濟學家熊彼德

施建生　著

偉大經濟學家

熊彼德

目　錄

自序

　　這是六十多年以前的事了。

　　我在 1944 年春，搭乘美國軍用運輸機離開烽火漫天的戰時首都重慶，飛越終年爲皚皚白雪掩蓋的喜馬拉雅山的駝峰，而到了炎熱的印度加爾各達，這是我赴美國哈佛求學途中的第一站。以當時正在堅苦對日抗戰中的我國論，這是對外交通的唯一幹線。由於當時軍運頻繁，我在印度西部另一大港口孟買候搭美國軍船幾達二個月之久方能再步上旅程。同時又由於要避免德國潛水艇的襲擊乃須從印度洋先向南航行，經澳洲雪梨後再北上太平洋而到達美國西海岸的洛杉磯。因此，當我再乘火車穿越整個美國到達東海岸波士頓附近的哈佛校門時已是六月底了。這樣從啓程到達目的地，一共花了三個月的時間，這與今天噴射機時代「朝發夕至」的情形對

比起來，眞是有隔世之感。

當時哈佛爲了配合戰時需才孔急，正在推行一年三學期制。在我到達的翌日正是夏季學期始業之時，因而也就隨即註冊上課了。記得首先遇到的是有「美國凱恩斯」（American Keynes）之稱的韓森（Alvin H. Hansen, 1887-1975）教授當時他正開了一門他經常開的、也是我當時選修的著名的「財政政策研討課」，那時的名稱是「經濟分析與財政政策」。第二位遇到的是李昂第夫（Wassily W. Leontief, 1906-1999），因爲我選了他開的「經濟理論」。他是俄國人，當時還是副教授。他每遇到初從中國來的中國學生總會問：「你認識陳先生嗎？他的近況如何？」中國的陳先生太多了，如果不是好心的早來的同學事前向我點破，他指的是陳伯莊先生，我眞不知如何回答。原來當他早年在柏林大學畢業後即到凱爾（Kiel）大學做研究工作，陳伯莊先生正奉當時鐵道部部長孫科之命，組織了一個歐洲考察團也到了凱爾大學參觀。二人就偶然在該校的餐廳遇到了，結果相聚甚歡，陳先生就請他到鐵道部擔任顧問一年，後來他轉赴美國也是從上海前往的。所以他總是忘不了這段中國

情。他那時在哈佛於課餘所從事的「投入產出」（Input-Output）的研究，極有成就，後來到1973年就得到了諾貝爾獎。

一個學期以後，他這門「經濟理論」就由熊彼德（Joseph Alois Schumpeter, 1883-1950）接替，這就是我第一次見到了他。當時在我們哈佛同學中都有這樣一種說法，當代世界上最偉大的經濟學家有二位，一位是英國劍橋的凱恩斯，另一位就在我們身邊，他就是熊彼德。現在我要親聆這位先生的教誨了，自然感到非常榮幸。記得就在一個秋高氣爽的上午，我從教室的窗口望見是一位衣冠楚楚、中等身材的紳士，在校園中慢步走來，進入我們這間坐滿了男女學生的教室以後就上講台，稍解其衣帽，笑容可掬地開始他的講解。這應該就是熊彼德教授吧。的確，他就是熊彼德，因為他滿口維也納腔的英語就是他的特色，是大家所周知的。在我聽來，他這種英語比起李昂第夫所帶著俄國腔的英語還要難懂。後來經過一段時間的調適，再多讀讀他發下的那份「閱讀資料一覽表」（reading list）的一些資料，也就漸漸能勉強應付了。後來我還接著在下學期選了他的一

門「研讀課」（reading course）。所謂「研讀課」是哈佛專為研究生開的課程。在這一課程中，規定每週指導教授要定時與學生會晤一次，學生可提出各種自己所感興趣的問題向老師請教，教授則予以解答，或指定與此問題相關的讀物由學生自行研讀。因此，就我當時的哈佛教授論，熊彼德是我比較接近的一位。這樣自然也從他那裡學到許多知識。不過，就熊氏自己所創的理論來說我能從而學到的實在很少，因為他在課中一向不提自己的理論。當有人問到他的意見時，他總是表示，「我所有的意見都已在所著的作品中發表了，大家若有興趣可以自己去看。」同時，我與他相處的時間也不過是一年而已，再加上自己當時不過是一個從戰時中國前來的普通大學畢業生，學術素養非常淺陋，自然也不能從與他交談中得到很多啟發。因此，大家都知道，在熊彼德的教導下曾培養了許多卓越的經濟學家，有二位且得到了諾貝爾獎，但不要忘記也有些像我這樣平凡的人物。

現在如果說我對於熊氏的理論稍有體識，那大都是我在離開校門不久以後即以「教書」為謀生手段的過程中自行習得的。我想如是一位在大學中的專職教授都會

體會到，所謂「教書」實質上就是「讀書」，如果不事前「讀」了些「書」是無法「教」好「書」的。古人說「教學相長」，眞是至理。現在我擔任這項工作已經五十多年了，數年前雖在名義上是退休了，但這不過是減少我上課的時間，並沒有減少我每天工作的時間。所以，這數十年來我的確讀了很多書。在這裡，自然不以有關熊氏思想與見識的書爲限，實際上在 1950-1975 年間，凱恩斯思想與理論是經濟學的主流，因此我在這方面所讀的書還比較多。但無論如何，熊彼德的理論畢竟是經濟學上的重要遺產，是絕對不能忽視的。這種情形到了 1980 年代就更爲確鑿，因爲自 1975 年以來，凱恩斯思想的光芒已逐漸消減，而熊氏的理論就被憶及，並漸有起而代之的趨勢。因而，最近幾年來，討論熊氏的著作就日益增加，尤其是對於熊氏的生平及其經歷，過去大家都所知有限，最近亦有一些這方面著作的出版。在這種情形之下，我不但不時重讀熊氏的舊著，同時也讀了很多這些關於他的新著。本書之作，可以說就是我近年來讀了這些新舊著作後的一篇「讀書報告」。敬請讀者不吝賜教。

　　最後我要感謝台灣大學，中華經濟研究院與台灣經濟研究院提供了可以讓我這樣工作的環境，圖書與設備。沒有這些協助，本書是無法寫成的。

施建生

2005/3/15　於台北

第一章　青少年時期

一、熊彼德的求學歷程

　　熊彼德是於 1883 年生於當時屬於奧匈帝國之摩拉維亞（Moravia）省中名為屈萊盧（Triech）的一個小村落，現則屬於捷克。他是一對奧國夫婦的獨生子，父親是一位遵循家庭傳統的紡織業者，母親則為臨近另一小村落中一位醫生的女兒。到了他四歲時，父親即意外逝世，僅三十一歲，母親則只有二十五歲。這時她就攜兒遷往另一較大的市鎮格拉茲（Graz）。到 1893 年他在那邊完成初等教育時，他的母親就再與一位比她年長三十三歲的退休將軍結婚，然後全家搬到維也納居住。由於他的繼父是一位貴族，且曾在維也納駐軍，所以地位崇高，社會關係良好，就有能力設法將熊彼德送進名為柴蕾莎學堂（Theresianum）的著名學校，這所學校是 1746 年柴蕾莎女王（Empress Maria Theresa）所建，原來是一間騎士學堂，後來則逐漸變成為專供帝國中高級官員與高等貴族之子弟攻讀的學校，其程度相當於我國中學到大學之前二年的水準。所授的課程除了射騎之外，則為一般古典的人文教育，特別著重希臘文與拉丁

文。對於現代的法文、英文與義大利文自然亦須學習。這校的主要宗旨就是要培養這些子弟能有廣闊的世界視野，不為狹隘的眼界所侷限，俾能將來成為主持整個帝國大政方針的幹員。這種教育對於熊彼德的性格影響很大。（注1）

八年以後，熊彼德以優異的成績畢業於該校，旋即於同年（1901年）後期進入維也納大學。當時他已知自己所要研習的是經濟學，但該校與一般歐洲大陸的大學一樣，並無獨立的經濟學系，這門學科是在法律學院中講授的，而要獲得法學博士學位，則除法律課程外，經濟學與政治學也是綜合考試中所必須通過的。這也就是說，他除了自己所偏愛的經濟學外，也須修習其他法律與政治學的課程。他認為這種措施是一大錯誤，因為一個學生不可能在同一時間都讀通法學與社會科學這二門學問，結果是一個法學學位的持有者不是對於經濟學范無所知，就是對法學本身一竅不通。（注2）

哈布斯堡王朝（Habsburg Monarchy）在廣漠的歐洲東部所建立的奧匈帝國經過了六百年的輝煌統治，到了十九世紀的後期已接近尾聲。但是，她的首都維也納則

已成爲歐洲的文化中心。自 1880 年代到 1910 年代，許多偉大的思想家、藝術家與科學家都集中在那裡，分別在文學、繪畫、音樂、哲學、自然科學與社會科學等等方面提出了卓越的貢獻。以經濟學論，座落在該城的維也納大學正發展成爲世界上研究經濟學的重鎮。到了 1901 年經濟學史上重要的奧國學派的開山鼻祖孟格（Carl Menger, 1840-1921）雖然不再從事實際的教學，而於 1903 年正式退休，其職位即由維塞爾（Friedrich von Wieser, 1851-1926）接替。但奧國學派的另一位健將龐巴魏克（Eugen von Bohm-Bawerk, 1851-1914）則於 1904 年辭去財政部長而重返維也納大學任教，故當時維也納仍爲一般修習經濟學的學子所嚮往。熊氏雖然不及直接受業於孟格的門下，卻能親聆維賽爾與龐巴魏克的教誨，受益極大。他最初在經濟學方面認眞研習的似乎是它的統計與歷史的層面，後來才轉到從事理論的研究。這樣就選修了以上二位老師的課程，在二人中對熊氏影響較大的是龐巴魏克，現可將這種情形略加敘述。

熊彼德在親聆龐氏教誨並拜讀其著作以後，認爲龐氏所提出的是一套概括經濟演化過程之全貌的理論，其

對於經濟生活的分析所採之規模當可與古典學派及馬克思（Karl Marx, 1818-1883）所採的相埒。他從其中一個迄未解決的問題入手，也就是利息問題或資本報酬的淨額問題。熊氏認為這是經濟學中最困難的也是最重要的問題。其所以困難可從數百年這一問題迄未解決這一事實得到明證。其所以重要則在於我們對資本主義的性質與功能的態度，就要看我們對於利息與利潤的意義與功能的看法如何以為斷。在龐巴魏克之前，熊氏認為只有馬克思真正瞭解這種重要性。馬克思體系的科學核心就是利息與利潤理論，其他的分析都可由此推演出來。（注3）後來熊彼德自己所從事的研究也是由此入手，這就充分看出他承受其業師之影響的巨大了。

除此之外，還有一點龐巴魏克對他的影響也很深遠，這是發生在他參與龐氏所主持之研討課（seminar）中。龐氏自1904年起到1914年逝世時止，每年都主持一個非常重要、高水準的研討課，一般都認為這是奧國學派的學術中心，參加的人除學生外，有時還有學術界重要人士與政府官員。熊彼德就曾參加他於1905-1906年所主持的研討課。這是非常重要的一次，不但是因為

當時正是龐氏學術登峰造極的時期，而且還是由於參加學生的素質都非常高超。當時參加的共有六人，嗣後這六位都分別成為經濟學界、政治界或金融界的領袖。熊彼德與米塞斯（Ludwig von Mises, 1881-1973）後來都成為世界著名的經濟學家，另一位宋摩利（Felix Somory）後來則為維也納的重要銀行家。這三位與龐氏自己都是非馬克思主義者。

另外三位則都是馬克思主義者。一位是李德爾（Emil Lederer），後來成為海德堡（Heidelberg）與柏林大學的教授，但在納粹執政時期就被迫離德而赴美任教。另一位是鮑威爾（Otto Bauer），他是傑出的奧國社會主義者，於 1918 年成為奧國社會民主黨領袖。這二人對熊氏影響都很大，尤其是後者，因為他倆使熊氏一度參與奧國實際政治。最後一位是希佛爾亭（Rudolf Hieferding），他曾經擔任德國的財政部長，而且是重要的社會主義作家，其代表著作就是著名的《金融資本論》（*Das Finanz Capital*, 1901）。

該年該課所研討的主題就是馬克思的思想。龐巴魏克對之批評甚力，著有《馬克思及其體系的終結》

（*Karl Marx and the Close of His System*）。但在課中，資本主義與社會主義雙方之支持者與反對者針鋒相對，辯論極為激烈，這對熊氏的影響極為深遠。他後來對馬克思的學術思想深加研究而且極有心得，可以說就是從參與該課所激發出來的。

他在維也納大學攻讀時，同時也勤於自己從事研究的工作。由於他有卓越的各國語文的素養，所以他能直接閱讀許多偉大經濟學家的原文著作，這就給他敞開了一個新的天地，吸收了許多新的觀念。等到他對於奧國的經濟理論有了相當瞭解後，就轉而研讀華爾拉（Leon Walras, 1834-1910）、柏萊圖（Vilfredo Pareto, 1848-1923）與艾奇渥斯（F. Y. Edgeworth, 1845-1926）的著述。在他心目中，華爾拉是最偉大的經濟學家，他的一般均衡定理是經濟理論上最精緻的成就之一。他同時對於柏萊圖與艾奇渥斯利用數學來發展經濟學亦很嚮往。

到了 1906 年，經過五年的研習後，他就在維也納大學畢業，獲法學博士學位。那時他只有二十三歲，覺得自己還年輕，而學無止境，所以就決定出國遊學數年，期能從不同觀點再對經濟學作深入研究。在 1906

年的暑期，他就赴德國參加柏林大學的經濟學研討課。
接著繼續經法國與其他各國而轉赴英國。他在英國約居
住了一年，對於她的印象極佳，一度曾成為倫敦經濟學
院的研究生。同時也常訪牛津與劍橋大學，結識艾奇渥
斯與馬夏爾（Alfred Marshall, 1842-1924）諸大師。一
有空暇必到大英博物院的圖書館裡埋首研讀，且作了許
多讀書札記，成為他到晚年寫《經濟分析史》（*History
of Economic Analysis*）的重要資料。但也在此期間遇到
一位英國高等社會之權貴的女兒名為 Gladys Seaver，
比他大十二歲（實際上據說比他小二歲）。二人情投意
合，就於 1907 年秋結婚。亦唯其如此，使他不得不去
找一份收入豐厚的工作。他不能找到一份大學教學的工
作，因為他在奧國還沒有取得這種資格。他也不能在英
國執行律師業務，因為他既沒有受過英國的法學教育，
更無這方面的實際經驗。最後終於在埃及開羅的一家義
大利律師事務所中找到一個職位，因為那邊只需受過一
般法學教育而不需有實際經驗就可執行律師業務。於是
他就攜他的新婚夫人前往任職了。同時，在到達不久以
後，他還受一位埃及公主聘為財務方面的法律顧問。由

於他的經管成績優異，公主就酬以重金，以爲報答。所以，兩人在開羅的生活極爲舒適。

再在學術工作方面，他進行得亦很順利，他的第一部重要著作《理論經濟學的性質與要義》（ *The Nature and Essence of Theoretical Economics* ）就在 1908 年出版。不過，他這部書是獻給他的母親，不是獻給他的妻子，這是由於他們這次婚姻並不美滿。據說二人眞正的夫婦關係只維持數月，幾年以後終告離異。實情究竟如何，熊氏從不與人談及。

二年後他因患病決定回到維也納，然後也想以他這部著作向維也納大學申請「大學教席准許證」（ Habilitation ）。這時他的老師龐巴魏克就會同維塞爾共同向校方推荐。結果以其所提著作卓越而於 1909 年順利通過，而獲得 Privatdozent 的身分。這種身分相當於我國大學中的助理教授，但無薪金，不過如果能獲得聘書，就可以在奧匈帝國與德國任何一間大學任教。熊氏是維也納大學經濟學部門取得這種身分的最年輕的一位。後來又由龐巴魏克的協助，使他獲得 Czernowitz 大學的聘請，成爲奧國歷史上最年輕的副教授。這間大學

遠在奧匈帝國東部邊陲地區，今天則屬烏克蘭，當然不是一間學術地位很高的學校。他在校中教授經濟學與一般社會科學的課程，課務頗爲繁重。在此期間，他的科學創造潛力則得到充分發揮，他最著名的經濟學著作《經濟發展理論》（*Theory of Economic Development*）就是在 1911 年出版的。當時他只有二十八歲。

同時也在 1911 年，他又得到龐巴魏克的大力推荐，乃能轉到 Graz 大學任教。該校座落在維也納附近，爲奧匈帝國中僅次於維也納大學的學府，而且還升爲最年輕的正教授，熊氏自然感到很得意。如無意外，下一步應該就是到維也納大學任職了。在此期間，他曾於 1913 年獲聘爲美國哥倫比亞大學客座教授一年，並承該校於 1914 年頒贈榮譽文學博士學位。在這一年中，他也還在美國其他大學作了多次講學，同時也遇到一些著名經濟學家如陶錫克（Frank William Taussig, 1859-1940）、費雪（Irving Fisher, 1867-1947）、密契爾（W. C. Mitchell, 1874-1945）。他自認這次美國之行是非常成功的。

返國以後，他樂見他的第三部著作《經濟學說與方

法：一個歷史的素描》（*Economic Doctrine and Method: An Historical Sketch*）亦出版了。這時他原還有許多著述的計畫，但是由於第一次世界大戰的爆發，整個世界的局勢都已發生巨大的變化，個人的計畫自然也受到影響。在此期間，熊氏雖經體格檢驗後，因係 Graz 大學的唯一的經濟學教授而免役了，但對他個人的志趣仍無法不引起變動。因此，他於 1919 年就辭去該校教職而轉事另一種他認為更需推進的工作，這就是政治。在沒有討論他的政治生涯以前，我們可先將上述經濟著作的內容略作介紹，以明他在此時期的貢獻。

注 1 ： 要瞭解熊彼德的一生可閱：

1. Robert Loring Allen, *Opening Doors: The Life and Work of Joseph Schumpeter*（New Brunswick: Transaction Publishers, 1991）.

2. Richard Swedberg, *Schumpeter, A Biography*（Princeton, New Jersey: Princeton University Press, 1991）.

3. Gottfried Haberler, "Joseph Alois Schumpeter, 1883-1950",*Quarterly Journal of Economics*, 64, 1950.

注 2 ： 轉引自上注 Haberler 文, p.336.

注 3 ： Schumpeter, *Ten Great Economists: from Marx to Keynes*,（New York: Oxford University Press, 1951）, p.147.

第二章 　早年的建樹

　　熊彼德在爲一些著名經濟學家撰寫傳記時，總是強調在一個學者的生命中，最關重要的是他的第三個十年，也就是從二十一歲到三十歲這個階段。因爲據他對這些人物的生命史加以研究後，深深感覺到，一個學者如能在理論上有眞正原始性的貢獻，則其基礎都是在這一階段奠定，其基本的架構都是在這一階段建立。自此以後，他都不過在這種基礎上，將這些架構的細節加以發揮或修正而已。所以他稱這是「創作活力旺盛的神聖十年」（sacred decade of fertility）。我們也許不能接受他這種論斷，但就他自己的情形論，則確是如此。他在這一時期不但寫出了許多重要論文，而且還出版了三部主要的著作。這就是上章所說的《理論經濟學的性質與要義》、《經濟發展理論》以及《經濟學說與方法：一個歷史的素描》。他在後期所寫的鉅著可以說都是從這些早期的著作中發揮出來的。就是有些新的作品，它們的構思也大都早在這一創造力旺盛的黃金時期就已形成，只是時間不足，未及發表而已。現在我們可以分別將上述三書的要點加以研討，看看他在「神聖的十年」究竟在經濟學上有了些什麼建樹。

一、理論經濟學的性質與要義

我們在上一章中已指出，到了 1900 年的前後，維也納大學已發展成為世界上研究經濟學的重鎮，尤其是一場轟轟烈烈的「研究方法論戰」（Methodenstreit）正在那時與德國學人展開，這就使奧國學派亦稱維也納學派的聲譽大為增高。回憶這場論戰之起是由於當時德國歷史學派最著名的領袖斯摩勒爾（Gustav von Schomoller, 1883-1917）對於當時新興的要從理論上去研究經濟學的方法非常不滿而激發的。這種理論研究方法是分別由英倫的吉逢斯（William S. Jevons, 1835-1882），洛桑的華爾拉與維也納的孟格不約而同所提出的。斯摩勒爾認為，歸納的歷史分析是增進對經濟過程瞭解的唯一方法。從理論上去研究經濟學，尤其是採取邊際分析的方法，是一種浪費精力的無謂活動，最後只會導致錯誤的結論。但在另一方面，維也納大學的孟格教授則相反地強調演繹的理論分析方法的重要性。他認為經濟過程正如化學過程一樣是由客觀的規則所導引，不會受到個人意願的影響。

　　這場論戰到了 1901 年熊彼德進入維也納大學時已告落幕。孟格教授也已接近退休。但由於斯摩勒爾在德國學術界聲勢浩大，歷史分析法終於雄居巔峰，理論研究法一直居於劣勢，不能在德語大學中生根。處在這種情形之下，熊氏早期的研究自然也很注意經濟學方法論的問題。在最初幾年，他的學習重點是偏於從社會的與歷史的角度去瞭解經濟事象，但不久以後，他就喪失以這種方法研究經濟學的興趣。由於他的語文修養卓越，他就直接從事各國經濟學名著的研習，這就使他對於最近經濟學的國際發展情況有所瞭解。再加上孟格在維也納大學所創之學術風氣的影響，就使他的研究興趣更偏於理論方法的採取。這時他就已體認到數學對於經濟學之研究的重要，認為要使經濟學成為一門的科學自有賴於數學的協助。

　　到了 1908 年，他終於將自己從事這方面之研究的成果寫成他一生中第一本主要的著作《理論經濟學的性質與要義》（原為德文，他自己將書名英譯為 *The Nature and Essence of Theoretical Economics*）。現可將其要旨略加說明。（注 1）

　　這是一部以理論經濟學或稱純粹經濟學（pure eco-
nomics）為中心討論經濟研究方法的書。它的目的是要
將理論經濟學所內涵的領域加以描述。其中大部分的說
理都已見於他人著作，他之所以要再加論述是鑒於德國
學界對於經濟理論非常陌生。其所以如此即由於經過上
述那場研究方法論戰後，居於主導地位的歷史學派一直
對之忽視的緣故。熊彼德認為這不是健康的現象而欲予
以補正。在他看來，這場方法論戰是沒有必要的，因為
雙方的立場實際上都有其各自的理由，都可以成立的。
對於經濟事象的研究，二種方法都可以應用，關鍵是要
看所要研究的是何種主題，以及所要達成的又是何種目
的。不能像歷史學派對於十九世紀中葉所提出的一套經
濟理論加以批評是確當的，但對後來提出的邊際效用分
析亦仍予以忽視，則太過分了。一般地說，他對這論戰
之雙方所持的態度是想要保持中立的，但以他當時的學
養論，基本上是偏向於理論經濟學派的。每次當他提出
要研究經濟學中的某種論題時，他必先說明有些錯誤須
加避免，然後提出一些必與斯摩勒爾或歷史學派所持之
相反的意見。例如，熊氏認為理論經濟學是一種科學，

不應採取任何政治立場，或者提及與任何政治意識有關的見解。在這裡他雖沒有明白提到斯摩勒爾的名字，但大家都知道，斯摩勒爾是想要利用經濟學去推行各種改革措施。這在熊彼德看來是絕對不可以的。他在該書的序文中就明白表示：「我對於實際政治沒有興趣，我唯一所企求的是知識。」（注2）這種言詞就不時在全書中出現。同時，他也堅決反對從經濟定理中引伸出政治的論斷。例如，他認為當古典經濟學家將完全競爭描述成為一種理想時，就已超越他們所應發言的界限。實際上，競爭只是一種理論上的假設，並無其他涵義。再如他所提出的一個著名的所謂「方法論上的個人主義」（methodological individualism）概念，也正是如此。他這個概念的意思只是說，我們從事經濟分析時須從個人的行為入手，但不能由而引伸出對於個人主義為一種政治價值之理念的支持，這是一種政治上的個人主義（political individualism）。實際上，他認為從經濟理論中不可能引伸出任何支持或反對政治上的個人主義的論據。（注3）

　　接著熊彼德就討論經濟理論與歷史的關係。他認為

不論是歷史研究還是經濟理論都須從具體的事實入手去進行，不能以先驗的假設來替代實情。但是實際情形是很繁雜的，要想將這種繁雜情形的全部都加以描述是不可能的。不論是歷史學家還是經濟學家都須從中選出自己所感興趣的事，然後集中全力去研究。但從此以後，歷史學家與經濟學家就要分道揚鑣了，因為前者所想求出的是實際情況中之個別事態的眞相，而後者則要想對有關事實的一般情況有所體識。這時經濟學家就須進而提出一些假設，俾能對現象的本質有所掌握。要提出假設就須對於現象中某些情況予以隔離，而將之抽象化。這對於一般沒有受過訓練的人的眼中，也許會認爲這樣所提出的已很少是實情了。但實際上則不是如此，經濟學家經過這種手法所提出的正是實情的容貌。當然，它不會與實情完全一致，但它卻已將其特色表露無遺。

經過以上這種說明後，我們當可得到這樣一個結論：在熊彼德的心目中，理論經濟學與歷史是很少相同的，二者基本上是二種不同的活動。不但如此，在熊彼德看來，理論經濟學與其他科學的關係也是這樣，彼此之間很少相關。既然如此，理論經濟學所研究的究竟是

什麼呢？他認為它所論的領域就是人的行為。他認為理論經濟學將成為第一種真正研究行為的科學。為了說明人在經濟社會中的行為，他提出了一個模型，這就是華爾拉首先創立的「一般均衡」（general equilibrium）模型。他利用這一模型描述社會中表達個人行為的經濟數量是相互密切關聯的，變動其中之一就會引起所有其他數量亦隨而變動。這些變動到了全部靜止時，也就到達了全面均衡或稱一般均衡的局勢。經濟學家的任務就在說明其中一種變動如何會引起另一變動的規律或者定律（law）。這種定律就是經濟定律。熊彼德強調，經濟定律不能成為一種追求的理想，它們只是一些「一般性的觀察」（generalized observation），並不隱含任何政治意義。

有了這種均衡模型後，我們就可以用來分析經濟社會中的一些事象，例如價格的形成、交易的進行、分配的過程等等。所謂「靜態的」（static）是指經濟社會中有了一些變動以後，就會逐漸靜止下來而恢復原狀，再歸於均衡。這種情形就如華爾拉所說，正像海上的波浪一樣，它們使海不斷的震盪，但最後仍會停息下來，歸

於均衡，並不改變海的形狀。（注4）經濟社會中還有
一些變動則能引導整個社會邁向於另一境界，這就是動
態（dynamic）的現象。對於這種現象的說明，靜態的
模型就無能爲力了，而須另創一動態的模型。這一模型
就是他第二本著作《經濟發展理論》所要提出的，這在
下節就要討論。

　　自他這本理論經濟學出版後，當時德奧的學術期刊
都曾有多篇書評刊出。有的表示讚許，有的則頗多批
評。一般地說，它引起的反應並不熱烈。尤其是德國的
反應更爲冷漠，這自然使他感到非常失望。如上所述，
他之所以要寫此書原就是要爲德國讀者提供這一學科的
知識，而且還想能像馬夏爾的《經濟學原理》
（*Principles of Economics*）之廣爲英國讀者所接受一樣，
使自己能成爲德國的馬夏爾。現在事實卻如此冷酷，就
無怪乎他於印出一千冊後就不想再出第二版了。到了
1932年，他應美國哈佛大學之聘而前往任職時甚至連一
冊都不帶。後來於1944年接受該校學生訪問時且明白
表示：「我沒有保存此書，而且自它出版以來，我一直
就在設法對我年輕時做了這件事能有所補償。」（注5）

但這本書中究竟有些什麼錯誤則未交待。不過，儘管如此，到他逝世後由他夫人清理出一張他親筆所寫的字條中，則又將之列爲一生所作之最重要的四部書的第一部，可見他還是認爲它是可取的。不待言，沒有一本書沒有缺陷，他這本書也不例外。現在看來其中最大的缺陷是將經濟學的研究應與其他社會科學的關係完全割斷的主張。實際上，他這種主張到了他要寫第二本書時就已放棄。

二、經濟發展的理論

　　當 1908 年，熊彼德之第一本著作《理論經濟學的性質與要義》出版後，他即寫了一封信給華爾拉，並附奉該書一冊，說明這是一本「他的一個門徒」的著作，並謂「我將永會在你已奠定的基礎上繼續地工作。」（注 6）但是，儘管他對華爾拉是如此的崇敬，他發現其所論述的也有缺失。這於他要進而研究經濟發展問題時就更感到這種缺失的嚴重性。因爲他發現華爾拉的經濟分析不但在性質上是靜態的，而且只能應用於靜止不變

的過程（stationary process）。（注7）他所謂靜態的理論「是一套均衡條件的說明，是一種均衡於受到干擾而打破以後仍會重新恢復的素描。」他所謂靜止的過程是一種實際上不會自己發生變化的過程，只是其中的實質所得，會隨著時間的演進而以同一速率製造出來而已。「如果其間會發生任何變化，那麼，一定是受到經濟社會之外在的因素，如天災、戰禍等等的影響而引起的。」他這套對於華爾拉理論的看法，後來於二人唯一一次的晤談時得到證實。當時華爾拉對他確認經濟生活基本上是被動的，都是對於自然界與社會所發生的變化加以適應而已，因此靜止過程的理論「實際上就是理論經濟學的全部內容。」對於華爾拉的這種說法，熊彼德甚不以爲然。他認爲「在經濟社會的內部是有一種力量可以打破其所達成的任何均衡。如果這是對的，那麼其中必有一種關於經濟變化之純粹的經濟理論，說明這種變化不僅僅是依賴外在的力量，使經濟社會從一個均衡轉變爲另一個均衡。我想要建立的就是這樣一種理論。」（注8）

　　他的這種經濟變化理論就發表於他所著的《經濟發

展理論》一書中。這就與他第一本的《理論經濟學的性質與要義》正相反，而與之共同構成他的一套整個經濟如何運作的理論。第一本是討論經濟社會在靜態情況下的形勢，其中沒有發生變化，是保持一種靜止的均衡。第二本則分析經濟社會何以會發生變化，如何變化，以及其可能產生的後果。現可將其要點略述於下：

靜態經濟的素描

他在該書的第一章中就提出一個典型的靜態經濟的素描，而稱之為「經濟生活的循環運行」（circular flow of economic life）。他說這種情態的分析只適合於一種問題：這就是在某種情況下，貨物的價格與其提供之數量如何決定。讓我們假定現有一完全孤立的社會，其中財產私有、勞動分工、競爭自由。每年生產與消費的都是同樣的東西。每種物品的供給一定等於需要，其中所流通的貨幣也正等於經常交易之所需。每個人所做的都是同樣的事，都不會別出心裁而有獨異的表現。過去怎樣做，現在也怎樣做。每個人都只會重複地做他過去所做的工作，而做了這些工作也都可獲得與其等值的貨幣。

在這種社會中自不需什麼領袖，因為沒有新的事物須待
完成，這樣也就可看出何以在這種社會中消費者才是最
有權力的。他曾如此說：「在我們的假設中，生產工具
的運用與生產過程的推進一般都是沒有領袖的，或者
說，真正的領袖就是消費者。主持企業的人都不過是按
照人們對他們所表達的需要，運用現有的生產工具與生
產方法予以執行而已。每個人只有當他們是消費者時才
有影響力，只有當他們表達他們之需要時才有影響力。
就這一意義說，每個人都的確參與生產方向的決定。」
（注9）

動態經濟理論的說明

對於靜態經濟作如此之描述後，熊氏就在第二章提
出他著名的經濟發展理論。他首先說明動態的經濟理論
與經濟史的差異，經濟史只是敘述經濟發展的具體事
實，純粹的動態經濟發展理論則想建立一個模型，用來
說明經濟社會中的變化完全是由於其內在力量的運作所
使然。換言之，這些變化，不是如靜態理論中之所言，
乃由經濟機體之外界力量所促成的。

　　當熊彼德討論這些變化時，他是指巨大的變化，不是均衡模型中的那些由於數量變化而引起的輕微調整。他認為這是一些本質上的變化，對於二者的區別他用一句名言來表達：「你儘可以不斷地將郵車的數量增加到你滿意的程度，你還是不能由而築成一條鐵路。」（注10）

　　要改變經濟，基本上必須將現已存在的資源聯結成一個新的組合。唯其如此，熊彼德就將企業家與企業作如下的定義：「將這些新的組合加以推行的組織，我們稱之為企業，發揮這種功能的人我們稱之為企業家。」（注11）可見他的理論所著重的不是從「無」到「有」的活動，而是將原有的資源從事新的組合。這種組合有五種形態：

（1）新的物品或者同一物品之新的品質的提出。

（2）新的生產方法的提出，這種方法未曾在製造過程中使用過，但不一定是科學上的新的發現。

（3）新的市場的開闢，這一市場是某一產業沒有參加過，不管它過去是否存在。

（4）新的原料或半製品的發現，也不管這些資材過
　　去是否存在。

（5）新的產業組織的形成，例如壟斷的建立，或壟
　　斷的打破。因此，所謂發展也就是將這些組合
　　推行的活動。（注12）

　　要將這些新的組合完成不是容易的，因此企業家必
須才華卓越，必須具有「超越正常的智慧意志與能
力」，他不但要能發現新穎的問題及其解決的辦法，而
且還要切實推行。發現問題乃至提出解決的辦法已很困
難，而要將之實施則更為艱困。唯其如此，熊氏認為
「創新」（innovation）與「發明」（invention）是不同
的。「發明」不過是提出解決問題的新辦法。但如果只
是提出這種辦法而不予以實施，對經濟社會是不發生任
何影響的。（注13）「創新」則須將這些辦法付諸實
施。所以，發明固屬可貴，創新則更為可貴。

　　企業家就是一位推動「新的組合」而使之實現的
人，是一位創新者。當然，企業家也可能是一位發明
家，正如他可能也是一位資本家，但這些只是巧合，並

不是企業家原本就須如此。企業家當其將此種新的組合付諸實施以後，自亦可如其他人士那樣按部就班地經營下去，但此時他已不再是企業家了，而只是普通的經理人員。因此，熊氏認為一個人是不能在一生中永遠保持企業家的身分。正由於企業家的任務不會由一個人永遠承擔下去，那麼企業家也就不是一種職業，也不能成為社會中的一個階級。他所聚集的財產是可以由他人繼承的，但他所具有的特殊素質卻是無人可以繼承的。由此可見，沒有所謂第二代的企業家。

同時，我們也可以知道，在一個動態的經濟社會中，企業家是主導的人物。不像上述的靜態經濟中，消費者是主導人物。因為「在經濟社會中，創新經常不是由於消費者自動有了新的欲望，然後生產設備受了它們的壓力而啟動的。我們不否認有這種關聯的存在。但是事實上常常是生產者先掀起經濟變化，然後引導消費者去接受。他們總是接受教導而去需要新事物的。」（注14）

接著我們要問企業家又何以要從事這種活動呢？熊氏認為絕不是為了個人的享樂。如果完全為了個人的享

樂，則到了相當程度後所享之樂就會遞減，不會再事創新了。那麼，他的動機又是什麼呢？他認為有三種：第一是由於他有一個創立私人王國的夢想。這在現代世界當然是不可能的，但是工商業上的成就則可與之媲美。第二是由於他有一種征服的意志，有一股不可抑止的奮鬥欲念，總想證明自己比別人強。這樣他之所以追求就是為了成功這一事實的本身，不是為了成功所產生的果實。第三是由於他想要享受創業的愉快，獲得成功的喜悅，或者就是想要發揮自己的精力與智慧。（注 15）

動態經濟的課題：信用、利息、利潤與經濟景氣循環

討論過經濟發展這一課題後，熊彼德就進而分析一系列在動態經濟中的課題，如信用、利息、利潤與經濟景氣循環。在他的理論中，企業家就被設定為一位沒有資本的人，因此他必須向人商借，俾能由而購取所需的資財，以事創新。這時資本家就須承受支持企業家的風險，給他們以貸款。這些貸款就是信用，也就是創業的資本。這在靜態的經濟社會是不會發生的，因為其中根

本沒有新的組合須待完成。那麼資本家又如何能負起這種支持的任務呢？這就是由於他們手中有銀行，銀行可以從它的存款中創造新的貨幣。因此，在熊氏的設想中，銀行實扮演一個極為重要的角色，如果沒有銀行，就不可能有經濟發展。熊氏認為，資本主義之興起就正在銀行可以從事信用之創造的時候。

再說利潤，熊彼德認為，也只有在動態經濟社會中才可能存在。在靜態經濟中，經理可以得到工資，但不能有更多的收入。在另一方面，企業家則由於能提供新的事物而獲得利潤。譬如有一家紡織廠，其產品都是手工製造的。現在如果有一位企業家將這種生產過程機械化，他就可能以很低的成本而製成同量的產品，這時他只要能以原價售出其產品就可得超過成本很多的收入，這種收入就是利潤。所以利潤實是企業家的報酬，是經濟發展的動力。在這些成本中自然也包括其對借款所須付出的利息，因此，利息之所以能得產生也是由於企業家從事創新的結果。在一靜態經濟社會中是沒有利息的。這種見解就引起他的恩師龐巴魏克極大的不滿，而引起了一場熱烈的辯論。對於這一點待我們將此書之內

容介紹完畢後再詳加敘述。

　　最後他要解答的一個主要問題是經濟景氣循環如何發生。他說他在這本書中所能提出的只不過是一個初步的解答，但他認為這已可對經濟循環的基本結構有所瞭解。簡單地說，經濟循環之所以發生就是由於企業家之能從事創新的緣故。這時他已可獲得利潤，這就會立即引起其他企業家的效尤，期能亦由而獲得利潤。這就造成一種他們所謂的企業家蜂擁現象（swarm like appearance），在這種情形之下整個經濟就趨興盛。於是工資上升了，利息增加了，新的工作出現了，結果就造成繁榮的局勢。但是，經過一段時間以後，則又會出現衰落的現象。這有幾個原因，例如企業家由於創新成功，已能償還過去的借款，這樣社會中可貸資金增加了，自會造成利率的下降。同時，由於經濟日益繁榮，一般經營企業的人士對於將來情況的判斷也可能會發生錯誤。這對原來的企業家的打擊也許不會太大，因為它已有相當豐厚的基礎。但對新的企業就可能不易適應而要宣告破產了。這就會使整個經濟轉趨蕭條。不過，這種情形也不致長時存在。過了不久，新的企業家就會出現，結果

又會造成企業家的蜂擁現象，而使經濟步上復甦而構成了另一次的循環。（注16）

以上是熊氏所提出之經濟發展理論的概略，後來他許多著作都是以此為基礎而發揮的。因而今天一般都視此為經濟學中的一部經典。

龐巴魏克與熊彼德的辯論

現在就可將上述一場師生之間的激辯略作說明。本來《經濟發展理論》也是受龐巴魏克之資本理論的影響，採用他的迂迴生產的概念而寫成的。但熊彼德卻在其中提出一種利息理論，認為在一個靜態的經濟社會中，當其處於均衡時是不會產生利息的，因為其中沒有儲蓄，也沒有投資淨額與資本基金。在這種靜態經濟中，資本財的數量不變，其所賺得的除了支付土地與勞動的報酬外，已無剩餘。這種說法正與龐巴魏克所持的相反。在這裡，我們不妨將龐氏的利息理論略加說明。

簡單地說，龐氏認為利息之所以產生有三個原因：第一是由於人們對於將來可能獲得的財物數量比較高

估。例如一些目前生活艱困的人認爲只要目前生活能過得了，將來是可以獲得更多財物的。再如一些年輕有爲的人對於將來的展望往往很樂觀，他們比較重視的也是目前的財貨。因此，要他們放棄目前貨物則須將來能得到更多的同類貨物才能辦到，這多得的貨物就是利息。第二是由於人們對將來可能得到的欲望之滿足低估了。例如一般人對於將來的情形究竟將如何發展並不能確定，到了那時能眞的可以使自己的欲望得到滿足嗎？既然有此顧慮，自然對於目前的貨物比較重視了。如要其放棄自也須有相當補償，這種補償就是利息。

　　以上二個原因可以說都是心理上的因素，可用「時間偏好」（time preference）一詞來表示。第三是由於「目前貨物之在技術上的優越性超過將來貨物」（technic superiority of present over future goods）。這句話的意思是，目前貨物中的資本財是有生產力的。一種生產過程一旦有了資本財參加以後，就成爲間接的或迂迴的（roundabout）的生產，其所經歷的時間就延長了。這樣的結果就可使產量增加，其所增加的數量除了償付爲製造資本財所須之土地與勞動之所費外，還有餘剩，這種

餘剩就是資本財的生產力。既然如此，如要使用這種目前財貨（資本）自須給予報酬，這種報酬就是利息。同時，這種間接或迂迴生產所形成的生產力還會發生遞減的現象，這樣投入資本愈多，其生產力就愈減，對投資者的報酬就愈少。因此目前的貨物現在就可投資，將來的貨物將來才能投資，前者所獲之利益自必大於後者，這樣對於前者自須付以利息。

所以，簡單的說，龐氏認為利息純粹是一種經濟範疇，與社會經濟制度無關。許多人士大致上也都持此種看法，但熊氏卻不以為然，而對之多加抗辯，因此引起龐氏的不快。據說自此以後，他即設法將熊氏排除在奧國大學系統之外。究竟事實是否如此，則不敢斷，但熊氏後來始終沒有受到他母校之聘邀也是事實。不過，儘管如此，這在熊彼德方面則絕無此種感受，例如當1914年龐巴魏克突然逝世時，他就寫了一篇很長的悼文，一開始就這樣說：「現在這位偉大的宗師是離開我們了。沒有一個在私人交誼上與科學理論上與他關係密切的人能將他們內心感到的沉痛傾訴於萬一。」（注17）由此可見，他對這位業師的感恩是深厚的，因為他深知龐氏

的培植對於他一生學術上的發展是很有影響的。不但如
此，我們如進一步探究二人的關係則不難發現，他們之
間實已超越一般的師生之誼，而有許多共同之處，例如
二人都是德國文化的產兒，二人都認爲經濟學是一種科
學，既然是科學，其中基本上自無歧見存在的空間，都
相信自由的資本主義是一種最好的制度。再如二人也都
著迷於馬克思的博學而對他深表崇敬，但都嚴厲批評他
的經濟理論。也許就是這些共同的感覺使他們的心靈密
切結合，而到了訣別時就不由自主地會吐露出以上的言
詞。

三、經濟學說與方法：一個歷史的素描

　　現在我們可以討論他第三本關於經濟學史的著作。

　　很顯然的，這本書所要完成的任務，沒有前二本所
要完成的巨大。前二本是熊彼德要想爲自己建立經濟學
上的地位而寫的，這本則不過想將過去經濟學家的成就
略作敘述。儘管如此，他認爲這一工作還是很重要的。

因為他認為一個人無法瞭解一門科學的精義，如果不知它的歷史。同時，他還進一步地說，一個人無法瞭解 1900 年的經濟理論，如果不明白 1870 年的經濟理論，同樣的，為要瞭解 1870 年的經濟理論，則又須明瞭 1750 年的經濟理論。因此，他認為瞭解一門科學的歷史可以說就是瞭解一門科學的本身。唯其如此，他不但當他在年輕時要寫這樣一本書，而且到了晚年，他甚至還要以最後九年的生命來從事一部內容浩瀚的同類的書——《經濟分析史》的著述。

再者，這部簡短的史書之所以重要還有一個原因，這就是我們從而可以看出熊彼德對於經濟學之真諦的理解。我們知道，作為一個經濟學家，其主要的任務是研究如何對於經濟現象的全貌加以瞭解，熊彼德在這本書中就提出要從經濟理論與其他社會科學的結合中去求答案。我們知道，他在上述之第一部著作是強調經濟學的獨立性，與其他科學都無關係，這就將經濟學的範域縮得很狹。後來在撰寫上述第二部著作時，他就已體認到經濟學是不能與其他社會科學脫離關係的。到了寫這第三本著作時，他就明白表示經濟學的範域不能像過去那

樣狹窄地解釋。他在書中仍一貫強調經濟理論的重要
性，它對經濟現象的掌握是絕對切需的，但他同時也認
爲經濟理論須與其他社會科學合作，才能瞭解經濟現象
的全貌。在這本經濟學史中，他特別提到社會學對於經
濟學家的重要性。每當他討論一個經濟學家時，他不但
注意他對經濟學的貢獻，而且都還要討論他對於社會的
一般分析（這就是熊氏心目中的「社會學」），以及它的
經濟制度的探究（這就是「經濟社會學」）。他這樣做也
許是由於這本書是承韋伯（Max Weber, 1864-1920）之
邀，作爲其主編之《社會經濟學叢書》之一而寫的，而
韋伯則一向認爲經濟學的範圍應包括經濟理論、經濟歷
史與經濟社會學三個部門，而稱之爲「社會經濟學」，
（德文爲 Soziolokonomik，熊氏英譯爲 social econom-
ics）。熊氏也許是遵從韋伯的意見而有此轉變，但實際
上他自己也的確有此意念。在這裡，值得一提的是，熊
氏之受韋伯的影響的確不少。二人之關係亦非常良好，
韋伯對熊氏之才識甚爲讚賞，不但這部叢書的編著邀他
參加，而且當他於 1918 年被詢當時以誰爲維也納大學
最合適之經濟學教授的人選時，他即極力推荐熊彼德。

以後二人還合編一個重要的學術期刊，一直到韋伯於
1920 年逝世時止。

　　熊氏在該一史書中，將經濟學之於 1750-1900 年間
的發展分爲四節來敘述。（注 18）第一節是說明它的根
源，他認爲經濟學實際上有二個來源，一爲哲學家的貢
獻，一爲著重實際經濟問題者的意見。希臘時代的哲學
家有時亦討論到經濟問題，但他們並不特別重視經濟問
題，對經濟學並沒有多大興趣。另一方面，當時一些從
事經濟事務之活動的人，對於一些具體的經濟問題，如
出口、關稅、黃金等等則有明確的瞭解，但由於沒有學
術上的訓練，不能以文字對之作系統的論述，所以對於
經濟學之發展的貢獻也有限。

　　第二節是說明它的誕生，他描述經濟學如何在十八
世紀發展成爲一種科學。他認爲這是由於上述的二個哲
學傳統與實務傳統的結合。這件事就發生在歷史上某一
特殊的時刻，這一時刻就是當時法國的穀物條例（corn
law）在十八世紀發生爭議的時候。在當時重農學派的
心目中，穀物條例的發生爭議是最重大的問題。面對這
一重大問題，以上二種經濟學的根源就聯合在一起了，

二者對於經濟之基本的看法就不再發生分裂。在這裡，應該特別指出的是，熊彼德認為重農學派，尤其是其中的甘納（Francis Quesnay, 1694-1774）是經濟學的眞正創立者。他們的重大貢獻就在於將經濟社會視為一個巨大的循環運行的機體（a giant circular flow），其中需要與供給總是相互配合的，整個經濟就這樣平穩的周而復始的循環運作下去。熊氏認為大家都將亞當斯密（Adam Smith, 1723-1793）的《國富論》（*Wealth of Nations*）的價值高估了，認為它是經濟學的創始經典，實際上其中所提到的都不過是將當時流行的思想加以綜合而已。

　　該書的第三節是討論古典時期。在這一階段，熊彼德描述經濟學之從十八世紀末葉到十九世紀中葉的發展，主要是討論英國，但同時亦論及法國、德國、義大利與美國的情形。依熊氏看來，在十九世紀最初數十年曾有一股創造力的興起，主要的是與李嘉圖（David Ricardo, 1722-1823）的著作有關。但到了接近古典時期的終結時，這種進步就遲緩了，已少見再有新見解的提出。在這裡，熊彼德亦注意到不同的經濟學家對於社會

及其經濟制度的看法。他認爲古典經濟學家的一大缺陷就是不能提出一種優良的社會學。他們之所以不能提出是由於他們都將社會視爲一群講求利潤之個人的結合，認爲社會中每個人都是想盡方法以最少費用謀取可能得到的最大收穫。

熊氏這種對社會學的重視亦擴伸到馬克思。他過去從未討論到馬克思，但在這本史書中則特別提到馬克思。雖然馬克思總是將政治與科學混合在一起，但純綷從學者的觀點來評斷，馬克思實是一位偉大的經濟學家。他並進而說明我們必須將其思想分從社會學與經濟學的二個層面去加以瞭解。這種見解後來就成爲他所著之《資本主義、社會主義與民主》（*Capitalism, Socialism and Democracy*）中的一個主要論據。同時，他也提到馬克思「經濟史觀」是他在社會學上最重大的貢獻。

該書之最後一節是討論歷史學派與邊際效用理論。他這時討論歷史學派之見解所持的態度是尊重的，用語就是非常審慎。他指出歷史學派經濟學的許多貢獻：如將演化的觀念導入經濟學，如要經濟學家注意經濟社會

的全貌，如對於經濟動機要考慮其眞實情況等等。但是，儘管如此，熊彼德認爲邊際效用理論是經濟學之未來發展的重心，不是歷史形態的分析。他認爲當代最優秀的經濟學家都偏於採取抽象的分析，而對經濟理論提出了一系列的貢獻。正如古典經濟學家過去曾將分析重點放在分配理論，當代的新經濟學家亦是如此。但過去李嘉圖與其他古典經濟學家所關注的是所得如何在社會階級之間分配，新型的經濟學家則著重所得如何在生產要素之間分配。熊氏由而總結地說，邊際效用理論已爲經濟理論之未來進一步地研究奠定了堅實的基礎。由此我們看出就熊氏個人論，他是堅決擁護理論經濟學的。但他同時亦認爲其他社會科學，如社會學與歷史學在整個經濟學的分析中有其所須承受的任務，有其應居的地位。

從這種歷史的研究中，熊彼德就更相信經濟學是一種科學，而科學所著重的是事實與邏輯，並無他物。科學所追求的只是知識，經濟學也是如此。科學不是用來增進人類福祉的，雖然科學的進步可以導致人類福祉的增進，但不是它的目的與功能。它的目的與功能是在求

知。這是他對於經濟學的基本看法。他將經濟學看成像物理學、化學、天文學或生物學一樣的科學，其間的差異只在研究的對象，不是研究的方法。

這就是他這本簡短的經濟學歷史之著作的精義。寫完了這本書以後，他也許感到他一生要做的還有非經濟學家的工作，因而不久之後，在他的生涯史上就發生一次巨大的轉變，這就是實際政治的參與。

注 1： 該書原文為德文，無英譯本，作者不諳德文，所述所節都是根據他人之英文著作而寫出的。

注 2： 轉引自 Richard Swedberg, *Schumpeter, a Biography*, p.25.

注 3： 同上注書, p.26.

注 4： 同上注書, p.29.

注 5： The Harvard Crimson, 11 April 1944，轉引自上注書, p.91.

注 6： 轉引自上注書, p.31.

注 7： Schumpeter, Preface to the Japanese Edition of *The Theory of Economic Development*，reprinted in R.V. Clemence（ed.），*Essays*（New Brunswick: Transaction Publishers, 1989），p.166.

注 8 ： 同上注。

注 9 ： Schumpeter, *Theory of Economic Development*（Cambridge: Harvard University Press, 1934），pp.21-2.

注 10 ： 同上注書, p.64.

注 11 ： 同上注書, p.74.

注 12 ： 同上注書, p.16.

注 13 ： 同上注書, p.88.

注 14 ： 同上注書, p.65.

注 15 ： 同上注書, pp.92-93.

注 16 ： 同上注書, pp.223-224.

注 17 ： Schumpeter, *Ten Great Economists*, p.143.

注 18 ： 該一史書，有英譯本，但作者無法找到。此處所述係轉引自他人英文著作中之說明。

第三章　政治生涯

一、投身政治

當熊彼德在美國哈佛大學任教時，他常常告訴他的學生這樣一段軼事：「當我年輕時，我有三個心願希望能夠達成，這就是要成為世界上最偉大的經濟學家，歐洲最偉大的騎士與維也納最偉大的情人。」「但我永沒有成為最偉大的騎士。」實際上，他的願望還不止如此，他在 1943 年的一個多天，當哈佛的一群年輕教員為慶祝他六十歲的生日，曾邀他共進午餐時曾吐露他還有二個願望，這就是要成為著名的藝術鑑賞家與成功的政治人物。（注 1）熊氏一生的確很愛好藝術，非常欣賞莊麗的教堂建築，對於古典作品亦常瀏覽。由而他的確獲得許多喜悅，但這些都僅止於鑑賞而已，對於他正常的生活並無多大影響。至於他的政治活動則完全不同了，這些活動不但干擾其日常生活，而且還對他造成重大創傷。現在可對他這段生涯略加追述。

我們知道，熊彼德是純粹的一位學人，對於實際政治絕少興趣，平時還常常告誡年輕同事與學生，不要對於當前世界的實際問題多加關懷，因為這樣會影響他的

科學研究，會傷害科學的發展。那麼，他自己又何以不能信守自己的誡條呢？簡單地說，就是由於 1914 年第一次世界大戰的爆發。在大戰進行的最初幾年，對他還是不發生任何影響，因爲他是大學教授，可以免服兵役，仍留校從事教學。但是到了 1916 年，眼見戰局日益嚴重，祖國的處境日益垂危，他終於決定捨棄客觀的科學研究，而要對於當前問題的解決有所獻替。

在 1916 年與 1917 年之間，有三個政治問題他很感興趣而要採取行動以求解決。第一是和戰問題，他認爲戰爭是絕大的浪費，應予制止，所以他主張奧國立即退出戰局，單獨議和。第二是奧匈帝國的王朝應予維護，但須實行君主立憲制，因爲他認爲這是最好的政治制度。第三是與德國應保持距離，不可與之形成經濟統合，如關稅同盟之類，因爲這最後會被德國併吞。爲了促進這三項主張的實現，他就找到當時在維也納大學任教的賴馬虛（Heinrich Lammasch）教授。熊氏自己在該大學攻讀時，就曾上過他的課。他是著名的國際法的律師，甚爲國王 Franz Joseph 所器重，熊彼德希望透過他將自己的主張向國王進言。後來賴氏也的確對於熊彼德

的建言甚表讚許。但是時事的變化非常迅速，到了 1918
年 11 月 11 日大戰終告結束，德國戰敗了，奧匈帝國解
體了。熊彼德為了實現他的三項主張而從事的活動自然
也就隨之中止了。他也就這樣再回到 Graz 大學，恢復
教學工作。在這裡要順便提到的是，熊彼德在此從事政
治活動期間，並沒有不再分身從事著述。他在此期間仍
有寫了一些重要論文，其中一篇「賦稅國家的危機」
（Crisis of the Tax State）對他後來政治生涯發生了意想
不到的影響。

我們知道，戰後的奧國是慘痛的。但就在這種情景
之下，熊彼德卻於 1919 年 1 月突然接到德國革命後的
社會黨政府的邀請，要他參加「德國社會化委員會」
（German Socialization Commission）的工作。該會的主
席是著名的社會主義者考茨基（Karl Kautsky），成員共
有十一位，其中六位為經濟學家，其他大都是社會主義
者，其任務是在研擬計畫將部分的德國工業社會化，而
先要從煤礦業著手推行。熊氏早在維也納大學之龐巴魏
克教授研討課中的同學希佛爾亭與李德爾就是其中的成
員。他們認為熊彼德儘管不是社會主義者，但可成為一

位很優良的同事，所以他們就聘他做為成員之一，共同研究如何將煤礦業置於社會的或公共的控制之下，以增進其生產力。這所謂社會化並不就是國有化，國有化是將工業由政府接收，屬政府所有，並由政府經營。社會化則由一公共企業為公共利益而經營，並不專為政府、任何企業、勞工團體或利益集團之利益而服務。

　　熊彼德得到這一聘約後就欣然接受，乃向校方告假而前往柏林任職。這時有人也許要問，他過去在奧國參與保守派的政治活動，戮力為其利益而奮鬥，如今卻轉而為其德國社會主義者的朋友而服務，這又如何能自圓其說？更具體地說，熊氏一向認為不受約束的資本主義是最優良的制度，而現在卻要設法取消煤礦業的私有權，這豈不自相矛盾？熊氏的答覆是：「如果有人要自殺，則能有醫生在場自然是一件好事。」（注2）

　　到 1919 年 3 月間，熊彼德在該會的工作告一段落，乃回到維也納。這時奧國則已於二月間完成了戰後第一次的國會選舉。結果由馬克思主義者所組成的社會民主黨成為第一大黨，而與基督教社會黨（一個保守的天主教政黨）共組聯合政府，由右派社會主義者雷納

（Karl Renner）擔任總理。這時希佛爾亭就將熊彼德介
紹給當時社會民主黨的首領鮑威爾。鮑威爾也是早年在
龐巴魏克研討課中的同學，當時是聯合政府中的外交部
長兼奧國社會化委員會的主席。鮑氏深知熊彼德的學術
修養，同時也曾讀過他的「賦稅國家的危機」一文，對
於他在其中所提出關於戰後奧國經濟情勢的分析甚爲讚
許，因此就向雷納推荐要他擔任財政部長一職。結果雷
納當然同意，熊氏也就於 1919 年 3 月 15 日步其業師龐
巴魏克之後擔任了這一職務。但是，他的命運卻沒有他
老師的好。他的老師曾先後擔任三屆的財政部長，共計
十五年，而他卻於七個月以後就被迫辭職。這是怎麼一
回事呢？現可略加敘述。

二、政治生涯原是夢

　　基本上是由於當時奧國的情勢非常混亂。就經濟上
說，新成立的奧地利共和國已是一個很小的國家，過去
奧匈帝國時人口有 5,600 萬，現在卻只有 250 萬。其所
需的生產原料、燃料與糧食原本是依賴附近其他地區供

應的，現在則這些地區已成為許多獨立國家，這樣物資的來源自然也就受到阻塞，同時國內生產也遠在戰前水準之下，糧食供給就非常稀少，整個國家可說是在饑餓線上掙扎。再就政治上論，情勢亦極惡劣。蘇維埃政府已在匈牙利與巴伐利亞成立，二者都在不久以後被反革命的力量所推翻。在此情形之下，奧國的社會民主黨的領袖要想穩步地推行議會政治自然也就特別困難。當時政府預算，歲入只有歲出的三分之一，這樣通貨膨脹自然也就日益嚴重。

　　對於這種困難的出現，熊彼德未始沒有預知。他當初寫他的「賦稅國家的危機」時就已指出奧國將於戰後會遇到危機。在這裡，我們不妨對他所謂的「賦稅國家」的意義略做說明，以後在第五章將對該論文的內容有較詳細的介紹。簡單的說，所謂賦稅國家就是依賴賦稅收入來維持其經常支出的國家。這就正與社會主義國家之依賴其國有化產業之所得來維持其經常支出相反，所以，所謂賦稅國家也就是從財政上來表示資本主義國家的特色，或可直稱之為資本主義國家。在該論文中，熊氏肯定地說這種國家在戰後是能解決其經濟問題的，其

所須採取的方法，主要的是課徵累進的資本稅（capital levy）。所謂資本稅是一種對人民所保有之流動性資產（也就是貨幣）課徵一次的稅。他認為在大戰之後，政府為償付公債要付出大量貨幣給人民，政府就可利用這種稅將這些貨幣收回，然後即將之銷毀，不再支出。這樣就可逐漸制止通貨膨脹，恢復經濟穩定而謀經濟發展。

　　他在論文中還指出要將戰時生產轉變為平時生產，則須依賴市場機能的運作，不能就由政府的計畫或指導。他還說他這種主張是針對當時的情況而提出的。他認為社會主義是終於要來臨的，但不是現在，因為戰爭已延後了它的來臨。現在則屬於自由企業的時代。

　　前面我曾說鮑威爾對他這篇論文甚表讚許，這裡提出這二點也許就是他認為熊彼德是可以借重的依據，雖然他不是社會主義者。現在熊彼德既然負起財政部長的責任，自然就會將他這種主張付諸實現。但鑒於最近的事態發展，他認為僅僅依賴資本稅的課徵尚不足為功，必須有其他配套措施。因此，他就職不久即向媒體宣布五項政策，其要點如下：第一自然是推行資本稅；第二是穩定匯率；第三是成立超然的中央銀行，使其貸款政

策不受政府控制；第四是加強間接稅的課徵，使大眾都對國家財政有所貢獻；第五是創立條件使私人企業能再度獲得大眾的信心，尤其是外人。這樣私人企業就能獲得資金以事發展，他特別強調外人的資金的輸入，這樣才能真正度過難關，走出困境，步上復興。（注3）

　　後來他就多次將之向內閣提出，但都未被接受。到了9月29日更正式提案，仍被否決，這樣他的財政部長的職務實際上就已被剝奪。何以會如此呢？這主要的是由於他與社會民主黨的政見有基本上的差異，這可從下列三方面來說明：（注4）

（1）對於社會化的目的有不同的看法。在社會化政策提出之初，其目的是在提高社會化後之工業的生產力，因此這種工業是不需政府資助，而且還可以獲得利潤，分由所有參加人士共享。對於這種政策，熊氏並不反對。但是過了不久，鮑威爾卻要以社會化來擴大公共部門的範圍，因此他曾向熊彼德建議課徵遺產稅，以補助社會化工業的損失。這時熊彼德就表示反對

了。

（2）對資本稅的用途有不同的主張。當初熊氏之主
張課徵資本稅，如上所言，是爲制止通貨膨
脹。所以對於這種稅收是不再加以使用的，而
逕行銷毀。但鮑威爾卻主張將之來補助社會化
工業的虧損，這又是熊氏所不能苟同的。

（3）對與德國進行貨幣同盟有不同的意見。熊氏一
向反對與德國發生任何經濟統合的情事，他認
爲這將對奧不利，這在前面已有所述。因此，
在國際金融上他主張與原本同屬奧匈帝國的國
家密切聯繫，使維也納成爲中歐的金融中心，
反對與德國建立貨幣同盟。

在政見既有如此差異，最後不能共事自然也是在意
料中。於是就在這一時分，巴黎和會宣布和約條款業已
達成，這時奧國內閣在形式上就應全體辭職而行重組。
熊氏也就這樣隨同全體閣員於 10 月 17 日辭職，而於內
閣重組時，他與鮑威爾的名字卻不在其列。

熊彼德就這樣結束了他這場短短三年（1916-1919）

的政治生涯。從此以後也就不再對政治活動持有任何的幻夢，而回到他的書齋與講堂度其餘生。他的終生至友司都爾卜（Gustav Stolper）曾如此評論他這段經歷。他說：「他的失敗是由於他無止境的野心，他不但將這種野心使用於科學領域，而且還要使用於政治領域。如果他重新集中力量從事科學工作，以他的學術能力，不久就會克服這段不愉快的插曲。」（注5）鑒於熊氏此後的成就，司都爾卜的確是位對他相知甚深的朋友。

注 1 ：　Swedberg, *Schumpeter, A Biography*, p.46.

注 2 ：　Haberler, "Joseph Alois Schumpter", *QJE*, 64, 1950, pp.333-372.

注 3 ：　Eduard Marz, Joseph Schumpeter, （New Haven: Yale University Press, 1991）, pp.151-2.

注 4 ：　Allen, *Opening Doors*, pp.171-172.

注 5 ：　同上注書, p.180.

第四章　從商場回到學府

一、生命中最大的浪費

當熊彼德在第一次世界大戰期間曾作了一些參與實際政治的嘗試，結果終於在 1919 年在奧國政府中擔任一次短短數月的財政部長而告失敗後，即再回到他原本任教的 Graz 大學重執教鞭，因為他在此一時期只是向校方短期告假而已。但不及一年，他又再向校方告假要轉入商界，期能由而致富，以顯示其才能並非微弱。結果不到數年還是失敗了。最後是負債累累成為一位無業遊民，後經多方奔走，終獲友人協助而在德國波昂（Bonn）大學謀得教職，重回學府。這是他一生中之重大的轉折，自認從 1919 年到 1925 年是他生命中之「最大的浪費」（great waste）。這是怎麼一回事呢？現可略作敘述。（注 1）

這要從他突然被免除財政部長一職說起。當時他在奧國國會中一群朋友認為他受到如此待遇有欠公平，應對他有所補償。於是就由國會通過頒發他一張可以創辦銀行的執照，使他享有這種權利。因為當時政府規定沒有得到這種執照是不能創辦銀行的。熊彼德自己並沒有

資本可以從事這種投資，但可以將這種權利轉讓他人，而獲取巨利，因為要取得這種執照並不容易。當時正有一 Biedermann Bank 要由原本的合夥企業改組為公司企業，這就須有這種執照方能辦到。於是這一銀行就與熊彼德接洽而獲得協定。由他以其所持的執照換得該銀行的一些股份而擔任其董事長，此一職務除酬以高薪外，還可享有從該行從事巨額透支的權利。熊彼德得到此一職務後就向 Graz 大學辭職，但這並不表示他要負起該行董事長的任務，實際處理其日常工作，而是想要利用其享有之向該行透支的權利，借到款項以事其他投資，然後以投資所賺的來償還借款，而取得其間的差額。所以這是無本的生意。

這種辦法在最初三年都很順利，結果確能使他賺得大量盈利，以維持其擔任財政部長以來的豪華生活。但到 1924 年情勢則突然大變，奧國面臨嚴重的經濟危機，許多銀行與工業都宣告破產，於是熊氏所有的投資也就在短短數月內完全落空，而且其中還牽涉到其投資夥伴有不法的交易行為，不勝其擾。同時他的 Biedermann Bank 亦陷於嚴重的困局而不得不重行改

組，以求生存。在這一改組過程中，他被免除董事長的
職務，這樣他就成爲一個沒有經常薪水收入而又負有大
量債務的人，其處境之淒慘，不難想見。

二、重拾教職

　　不過，到了 1925 年就逐漸有了轉機。首先是他在
商場固又告失敗了，但在情場卻獲喜訊，因爲他與一比
他年輕二十歲名爲 Annie（全名爲 Anna Reisinger）的姑
娘戀愛終告成功而到可籌議結婚的時日了。同時在另一
方面，對於今後工作的出處亦漸有眉目。先有日本的東
京帝國大學與東京商科大學（後改爲一橋大學）二校早
於 1921 年秋就要聘他擔任短期的客座教授，後來又有
德國的波昂大學要聘他爲長期的專任教授。最後他自然
就接受了後者，這樣就使他有能力決定於該年 11 月 5
日與 Annie 舉行婚禮，完成其一生中第二次婚姻，而於
翌年同赴波昂擔任教職，重回到他的學術生涯。

　　實際上，他之能獲波昂大學的聘請也並不容易，這
完全要歸功於他的友人斯皁托夫（Arthur Spiethoff,

1873-1957）教授的協助。當時斯氏正任教於波昂大學，而該校的經濟理論教授狄特齊爾（Heinrich Dietzel）則將於 1925 暑期退休。校方原推荐二位教授到教育部而由部方決定其中之一，但教育部對這二位都不同意，並望校方能另提包括米塞斯在內的三位候選人再向部方推荐。結果斯卑托夫就趁此機會向校方提議另提熊彼德與另一位教授以應之。至於米塞斯則以其見解偏執過於狹隘而未予提出。當時教育部對於熊彼德的印象不佳，大概是由於他在戰時反對德奧合併的關係，同時在校內同仁之間亦流傳著許多對他不利的謠言，所以對於他的任職頗感躊躇。後經斯卑托夫多方疏通與解釋，終於決定由熊氏擔任該校的財政學教授，至於經濟理論則由斯卑托夫講授。

　　不待言，熊彼德經過這場政商二方面之慘痛失敗後而能再返學府，必會深體再生機會之難得而努力以赴。所以，他到校以後一方面認真教學，另一方面亦潛心於著述。以前者論，由於他是財政學的教授，所以他負責教這門課程以及貨幣理論外，同時還教經濟理論史與社會理論。儘管他的專長是經濟理論，但這是斯卑托夫的

職責，而斯氏則曾任歷史學派泰斗斯摩勒爾的助教。儘管他不反對熊氏的那套理論，但仍認為不能將此重任交付熊氏。因此熊氏也就只能在其所講的課程中插入一些理論。不過，儘管如此，當時的學生都知道他實際上是該校真正的經濟理論教授。由於斯摩勒爾反對，在德國大學絕跡歷三十年之久的現代經濟理論也就這樣首次出現於德國大學之中，這是熊彼德的一大貢獻。

其次，談到著述方面，首先就從事其第二部主要著作《經濟發展理論》的修正，而且就在 1926 年完成。接著就寫了一篇重要的論文，題為「斯摩勒爾與今日的問題」（Gustav von Schmoller and the Problems of Today），說明德國歷史學派與奧國理論學派之間的紛爭是沒有必要的。在經濟學中，歷史與理論是不可分的，歷史可提供理論以驗證的基礎使之得以改進，所以二者的研究不是對立的而是互補的。他同時還想寫一部貨幣理論的書，望能成為第三部著作。但不幸的，好景不常，他生命中最重要的人物、他最敬愛的母親突然於六月間逝世。一個月以後，他最親愛的妻子亦在難產中死亡，而於三個多小時後，他們的嬰兒也隨著母親而去。

這一連串的變故對他的打擊是深重的，對他造成的傷痛是卓絕的，自會影響他的教學與著述。但最後還是逐漸予以克服，使自己仍能正常地生活下去。他如何能夠辦到的呢？主要的方法有二：一為埋頭工作，二為多事旅行。

就前者論，就是從事於著述與講演，這又可分為學術性的與非學術性的。學術性的就是要繼續從事貨幣理論的著述以及其他論文的創作，非學術性的就是要多寫討論經濟問題的時論文章與講演，以增加收入，償還債款。以學術性論，貨幣理論雖然經不時努力仍未告成。但在 1928 年卻發表了〈資本主義的不穩定性〉（Instability of Capitalism）一文。他在該文中說明資本主義在長期間必會被社會主義所替代。其所以致此，不是由於它在經濟操作上的失敗，而是由於它的成功。這是他提出自己的創見的最後一文，此後的著述可以說都是將其原本的見解加以發揮而已。後來在 1931 年他受到許多英美學人的敦促決定要將其《經濟發展理論》譯為英文。經過初步嘗試，他發現自己實際上是在修改自己的原著，而不是在翻譯，是很不妥當的。因此後來就改

請奧巴（Redvers Opie）進行，由他從旁協助而告完成。

再以多事旅行論，這完全是爲了要使他減少留在波昂而觸景傷情。所以他在那段時間一有空時就遍訪歐陸各地。到了 1927 年，他甚至遠去美國，接受哈佛大學一年訪問教授的聘約。在該年中他教了二門課：「經濟理論」與「經濟波動」，甚受學生歡迎，期滿時哈佛要留他專任，但那時他對歐陸仍有留戀而未接受，不過答應於 1930 年秋天再來作短期講學。後來果然依約前往，結果亦甚圓滿，而且當時還能順便與正在耶魯大學擔任訪問教授的挪威奧斯羅（Oslo）大學教授費利希（Ragnar Frisch, 1895-1973）及耶魯大學教授費雪共同發起成立「國際計量經濟學會」（International Econometric Society）更感欣慰。到了 1931 年初，哈佛聘約結束後，他就取道日本返回德國。當時受到東京一橋大學與神戶大學熱烈歡迎，並作講演，結果亦很成功。這就使他更增對日本的情誼，因爲上面曾提到當他在 1925 年失業時，就曾接到他們的聘約以訪問教授相邀，這是雪中送炭，當時他因未能前往，內心則已感歉疚，今又承

其熱誠款待又如何能不更感盛情？

　　從以上之簡短敘述中，我們當可看出以熊氏的個性與學養論，學術工作的確是最相宜的。他能於經過政商二方面之挫折以後重回到學府，使他能繼續抒展其長才，這對他自己自然是一件很可慶幸的事。如果進一步地說，對於整個經濟學界又何嘗不是如此？

注 1 ： 這段生涯可參閱 Swedberg, Schumpeter, a Biography, pp.67-87 。本章所述大致上也是以這段文字為根據。

第五章　經濟社會學的探索

熊彼德是一位思想非常豐富、學識非常淵博的學人。他不但對其畢生用力最深的經濟學造詣非常卓越，就是對於社會學的研究也極有心得。在第一次世界大戰到 1932 年他轉赴美國哈佛任教以前，就曾在這方面寫了一些重要的論文，第三章所提到的「賦稅國家的危機」一文就是其中之一。不過，現在要特別提出的，這不是說他在對經濟學之研究極有興趣之外，還對另外一門社會科學—— 社會學 —— 也極有興趣。實際上，在他看來，他在社會學方面所作的努力，應該是他心目中之涵義廣博的經濟學的內容的一部分。他稱這種社會學爲經濟社會學。現在我們可以先在此對他這種經濟學的要旨略加說明，然後再將他所提之三篇重要論文的內容加以介紹。

一、經濟社會學的要旨

上面我們曾指出，在熊彼德心目中，他這種在社會學方面所從事的著述應該就是經濟學中的一部分，其所以致此，一部分可以說是由於當他在奧國求學時期，經

濟學與社會學的界限並沒有今天這樣明晰。就某一程度
論，德國的社會學可以說是從經濟學中所衍生出來的。
例如當時德國一位最著名的社會學家韋伯最初就是研究
經濟學，後來也在各大學教政治經濟學，到了後期才逐
漸成為一位社會學家。就熊彼德在維也納大學攻讀時
論，他曾接觸到三派經濟思想，也就是奧國經濟學、馬
克思經濟學與德國歷史學派的經濟學。這三派都對他學
術思想的形成發生很大的影響，而這三派又都主張經濟
學與社會學之間應保持密切的合作。

　　在這三派中，對熊彼德影響最大的自然是奧國學
派。他從他們身上學到許多見識，其中一項就是使他明
瞭經濟學是一種廣博的科學，所包括的不以經濟理論為
限。不待言，在他的業師龐巴魏克與維塞爾的心目中，
經濟理論自然是其中最重要的組成部分，而所謂經濟理
論就是邊際效用學說。但他們同時也認為經濟理論之
外，還有些社會性的問題也須注意。

　　其次，以馬克思學派論，他們的經濟學的概念非常
廣泛。例如像勞動價值論這樣純綷的經濟理論，就與意
識形態、社會階級這一類的社會概念混為一談。由於熊

彼德基本上是奧國學派，對於馬克思學派這種將經濟學與社會學完全相互混合的作法自然不會苟同，但從其有關社會學的著述中則可明顯看出，馬克思的觀念對他發生許多啓發的作用。

不過，對熊彼德重視社會學態度之形成，影響最大的是德國的「最年輕的」歷史學派。在這派中有三位代表人物：斯卑托夫、宋巴特（Werner Sombart, 1864-1920）與韋伯。熊氏後來有經濟社會學（economic sociology）的倡導，可以說完全是受了這派人的影響，尤其是韋伯。因爲這一科目的名稱先是由宋巴特提出，後經韋伯多加發揮，到了熊彼德則將之更加闡揚，而被稱爲韋伯在這方面之最成功的繼承人。（注 1）

爲了要瞭解經濟社會學在熊氏思想中所居的地位，我們就須看看他對於經濟學與社會學之關係的體認。在社會科學中，如何分工一直是熊彼德所感興趣的問題，他在其於 1908 年出版之第一本討論經濟理論之概況的著作中，以及在其於 1954 年出版之最後一部著作《經濟分析史》中都曾對此有所討論。他的意見是一貫的，認爲社會科學之分工並不是事前有一周密的藍圖，而是

隨著歷史發展而偶然形成的。因此，各科所研究的事物就不免重複，同一問題可以由各種不同學科去研究。他認爲社會科學基本上不是只有一種，而是許多種社會科學同時存在的。它們的研究範域往往是相互交接的，在這一交接的地帶是大家都可以進去從事研究的。具體地說，經濟學家可以進去，社會學家也可以進去。

這一「研究範域相互交接」的比喻是很重要的，因爲在熊彼德看來，這就是經濟社會學之所以能夠形成的空間。在這種情形之下，經濟學家就不可避免地會步入社會學的領域，而社會學家也就很自然地會去研究經濟制度。結果「一個無人的地帶或者人人可去的地帶就告形成，這一地帶也許可簡便地稱爲經濟社會學的範域」。（注2）

從這一觀點來看經濟社會學就會令人產生這樣一種結論：它不但屬於社會學，也屬於經濟學。這樣經濟學的概念就廣博了，對於這種涵義廣博的經濟學，熊彼德用英文來表示就是「科學的」經濟學（scientific economics），以德文來表達則爲社會經濟學（soziolokonomie），其中包括四個基本部門：理論、統計、

經濟史、與經濟社會學。（注3）

　　如果經濟社會學一半是經濟學，另一半是社會學，那麼我們就須看看熊氏是如何瞭解社會學。首先須指出的是，他認爲二者都是一種分析的科學。所謂「分析的」，他是指二者對於理論與實際都採同樣的研究方法。歷史與民族學（ethnology）是從實際的事實入手研究的，但經濟學與社會學則先將研究的現象加以概念化而後再開始蒐集實際情況。不過，社會學與經濟學仍有區別。例如經濟學是從個人入手研究的，這就是他所謂的「方法論上的個人主義」。社會學則不能由個人入手研究，而須從集體入手，因爲它的基本單位是集團，不是個人。（注4）

　　在熊氏看來，一個人要從事經濟社會學之研究而獲致優良成績，必須同時具備經濟學與社會學的素養，但這在今天實在很少有這樣的人。自從十八世紀以後，經濟學與社會學就逐漸分家，一直到了今天二者幾乎完全隔絕，這是他最感困惑的。（注5）不過，儘管他認爲經濟學與社會學應保持合作，但並不主張二者完全合而爲一，因爲在他看來，使用社會學來解釋純粹經濟問題

是不會有任何收穫的。同樣的，運用經濟學原理去解決純粹社會問題也不會有好的結果。他認為二者的綜合很可能產生一種更壞的經濟學或者更壞的社會學，二者「相互交配」（cross-fertilization）的結果可能會遭致「相互枯萎」（cross-sterilization）。（注6）因此，最關重要的是，如何將社會學方法與經濟學方法同時運用而能保持平衡，這自然是很不容易的。

　　經過以上敘述後，我想我們現在可以討論熊彼德心目中對經濟社會學的定義了。對於這個問題，他曾在他許多著述中不時提到，但解釋得最為詳盡的莫過於他在《經濟分析史》中所提出的。他在該書中討論到「科學經濟學」的內容時曾如此說：「借用德國的辦法，我們將會發覺如能提出第四種基本學科來幫助其他三項（筆者按：這就是理論、統計與經濟史）是很有用的，這個學科我們稱之為經濟社會學。使用一些適切的語句，經濟分析是討論人在某一時間作些什麼事，以及這些事發生些什麼影響等等問題，而經濟社會學則討論人在某一時間怎麼會做了這些事的問題。如果我們將人的行為廣泛地加以解釋，其中不但包括行動與動機以及各種傾

向，而且還包括與經濟行為有關的社會制度，如政府、財產、繼承、契約等等，那麼這個名稱也就的確能表達我們所需要的。」（注7）

由此可見，熊氏所謂的經濟社會學是專門從事經濟制度之研究，具體地說，這也就是從事經濟過程中的制度結構的研究。那麼，我們不妨進一步問，這些制度除了上述之政府（特別是其中的賦稅、公債、關稅政策、管制方法等等）、財產繼承與契約等等之外，還有些什麼呢？這就可增加帝國主義、民族、市鎮經濟的起源等等。至於經濟理論所要研究的則集中於制度結構內部的經濟體制的運作。這就有下列諸課題：價格、租金、對外貿易、企業家、創新、消費、生產、信用、銀行、利息、投資、市場、資本、儲蓄、利潤、經濟發展等等。此外還有一些是經濟理論與經濟社會學都要研究的課題，如貨幣、人口、薪資、經濟循環、福利經濟、經濟體制、階級等等。

經過以上的討論，我們對於經濟社會學這門學科的性質自可有相當的瞭解。熊彼德對於這方面的貢獻散見於其所著《經濟發展理論》以及其日後出版的《經濟景

氣循環》、《資本主義、社會主義與民主》與《經濟分
析史》三書中，現則可將其相關的三篇討論公共財政、
帝國主義與社會階級的論文略加轉述。

二、賦稅國家的危機

　　當熊彼德於 1919 年擔任奧地利共和國的財政部長
的前一年，他曾對維也納的社會學會發表一次以「賦稅
國家的危機」（The Crisis of The Tax State）為題的講
演。這一講詞原為評論當時奧國社會學家高爾憲
（Rudolph Goldsheid）所著的《國家社會主義抑或國家
資本主義》（State Socialism or State Capitalism）而作
的。由於奧國於第一次世界大戰以後所面臨嚴重的財政
問題，高爾憲認為要對經濟制度作一次基本的改革才能
解救。熊彼德對於這種主張不能苟同，他認為市場經濟
制度與其在財政上意義相同的「賦稅國家」的確會歸於
崩潰，但現在時機未到。至於其何以會歸於崩潰則由於
奧國社會結構上的缺陷，不是由於預算上的危機。不
過，我們對於蘊藏在預算數字背後的財政事務與社會結

構之關係，以及其間所引起之相互變動的史實必須加以研討，俾能對世事之演變有所體識。這樣就開啓了一個嶄新的研究領域，這個領域高爾憲稱之為「財政社會學」（fiscal sociology）。熊氏這篇論文之提出，雖然對於奧國戰後將會面臨的財政問題加以分析，但其主旨還是要想對於這門新興的學科之基礎的奠定有所貢獻。熊氏之所以要這樣做，如前所述，並不是想要對社會學這門獨立學科有所獻替，而是想要由而對經濟學本身的內容加以充實。我們知道，在熊彼德心目中，所謂科學的經濟學是含義廣博的，經濟社會學即為其中一個組成部門，而財政社會學又為經濟社會學中的一個組成部門。既然如此，他為財政社會學發展所作的努力自無異就是為經濟學本身內容之充實而努力了。

根據以上之所述，所謂財政社會學實是一門研究國家財政與社會發展之間的關係，以及在各種特殊的歷史背景下國家之性質的學問。要明瞭一國的財政措施，熊彼德同意高爾憲的說法，最好是從它的預算入手，因為「預算是一國賴以建立的骨骼，其中所表露的都是一些確切的事實，沒有任何意識形態的宣揚。」（注8）這種

一年一度刊出的預算的變化就成爲一國的財政史。這種
財政史也就成爲一國整部歷史中之重要成分，其對整個
國家之發展影響至爲巨大。熊氏說，「在有些時期，財
政措施的變化幾乎可以用來解釋一國所發生之重大事故
的全部；在大多數時期也可以用來解釋其所發生之重大
事故的一大部分。……不但如此，甚至一國的民族精
神，它的文化水準、社會結構等等都可在財政史中找到
蹤跡。我們如要對世界歷史的動態有所瞭解，沒有比從
此入手能得到更明確的訊息了。」（注9）

　　財政事務之能發揮這樣重大的影響，最明顯的可以
在一國面臨重大變革的時期看出。在這種時期，舊的體
制已開始崩潰，而新的結構又即將隨而出現，這在它的
財政上就會發生危機。這樣「我們可能就必會面對一些
特殊的事實，一堆特殊的問題，以及一種特殊的研究方
法……，簡單地說，一個特殊的研究領域，這就是財政
社會學。在這些研究方法中，有一個特別使我們感到興
趣的就是從財政方面去觀察國家，它的性質，它的形態
與它的將來。『賦稅國家』一詞就是從這種觀點中產生
的。下面所要探討的就是有關這一名詞所意涵的一些問

題。」（注10）

接著熊彼德就根據德奧二國的史料，說明封建社會如何因財政上的困難而沒落，以及一個現代的賦稅國家又如何由而繼起。他說在十四世紀與十五世紀時，一國的君主（prince）都不是專制的統治者，而是與其屬下各地的貴族（estate）分享權力的。當時大家都沒有受到一個至高無上的主權約束，每一位統治者都視其領土為其世襲的私產，而可自行處理。在這種情形之下，其間自無公共部門與私人部門之分，二者完全合而為一，這樣現代國家的觀念自然也就無從產生，因為在現代國家中，二者必須畛域分明，不能相混。這時君主為處理自己事務所需的支出自然須由他自己負擔。他的財源主要來自他的土地收益，也就是來自他的佃農與農奴所繳付的地租，其次就是來自他所享的封建特權，如鑄造貨幣、過境收費等等的收益，以及其所屬之臣民的贈送與教堂的捐獻。但所有這些收入都不是賦稅，因為賦稅的產生必須有公法與私法之區分為前提，現在這種前提並不存在。

到了十五世紀與十六世紀，君主由於其行政管理效

率的差次以及戰費負擔的龐大就感到財政上的困難。這種困難如果是偶然發生的，不是由於財政制度本身的缺失，是可以設法解救的。例如上述因行政效率差次所引起的，就可以經由改進而減少浪費。但是，當時他們所面臨的財政困難主要是由於戰費負擔的沉重，這就不是輕易可以解救的了。因為當時戰費負擔之所以日益增加是由於封建社會之內部團結已日益鬆弛，各地貴族都儼然獨立自主，不願出力抵禦外患。結果自唯有雇用傭兵，這就要支付報酬，這項費用自然不是傳統的財政所能長期承擔的。「在這裡，我們就明顯地看到所謂財政制度之危機的一個典型例證：這是一種由於不可抵制之社會變革所引起的明顯的、無法避免的、持續存在的失敗。」（注11）在這種情形之下，君主勢必債台高築，不堪負荷，最後乃不得不向各地貴族呼籲：對抗土耳其之戰爭畢竟不是他一人的事務，而是大家「共同面臨的危局」（common exigence），大家自應共體時艱，分擔費用，以圖挽救。結果貴族們同意了。這樣過去他們所享之不被課稅的保證自然也就取消了，但貴族們並不信任君主會將這些稅金妥善運用，乃自行建立自己的稅

制，使自己所要推行之事務亦能由而得到財源。於是，「一個私人部門創立了，以與另一個公共部門並立，這樣國家就在這種『共同面臨的危局』中同時誕生。」（注12）

　　國家既告誕生，自須負起其所應推行公共事務的職責，而要推行這種職責則須有相當的財源，這就不能不向人民課稅了。這就是何以一有「國家」就會有「賦稅」，二者總是結合在一起的。既然如此，「賦稅國家」一詞也就成為一種「言語重覆」，是一個贅語了。同時，這也是「財政社會學」何以成為國家理論中的一個有用的工具。（注13）但是，國家的存在一旦成為事實，一旦成為一種社會機體，它就會立即進一步地發展，採取了許多行動。對於這些行動就不是僅從財政的觀點所能瞭解的了，這時財政已成為它們的服務工具。所以，「如果財政曾經創造了現代國家，並局部地決定了它的形態，現在則國家轉而決定了財政的形態，擴展其活動的領域，深深地侵入私人經濟的骨髓。」（注14）

　　但是，國家的財政潛力是受到私人經濟之賦稅能力所侷限的。「對人民課稅必不可能太多，以免他們喪失從事生產以謀利的興趣。」（注15）例如，對於貨物所

課的間接稅就不能過度，不然會發生收益遞減的結果。對於壟斷事業與土地收入固可課稅而不致影響生產，但對企業利潤課稅則必會傷害經濟進步，對於高所得者課高額稅率也會影響他們勤業的精神，對於利息課稅也會減少資本形成。總之，值得注意的是，可能課得稅收的多寡不但會受到課稅客體之數量，以及納稅主體為維持其生活所需減去了數額的限制，而且還要受到自由經濟社會中策勵奮進之力量的性質的限制。（注 16）簡言之，儲蓄、投資、與企業精神是經濟成長的主要引擎，是絕對不能傷害的。

　　一般地說，儘管賦稅國家對於行政與戰爭之費用的增加尚能應付裕如，不致引起生存的危機，但是，近年來一般對於財產的態度已有所改變，對於公共支出的需求也已有益增的趨勢，這可能會形成一種危機，使賦稅國家無法存在下去。我們知道，這種國家之組成原就有賴於私人經濟之能保持獨立自主。如果私人經濟的這種特性不能再受到尊重，那麼，這種國家就喪失了其所以要成立的意義，最後就只有崩潰。（注 17）

　　到了本文將告結束時，熊氏總結地說奧國的確可能

會面臨這種局面，但這不是由於它不能解決戰後的經濟問題。他認為這個問題只要在原存的體制中略作調整就可迎刃而解。所以，從這一觀點看來，「賦稅國家並無危機。」（注 18）不過，儘管如此，奧國資本主義與一般資本主義一樣，最後都會消逝。現在時機固尚未到達，但最後終會來臨。（注 19）何以致此？他在這篇論文中並未詳述，到了 1941 年出版他的《資本主義、社會主義與民主》時就有明白的分析。

三、帝國主義

當熊彼德逝世後，他的夫人在清理他的書桌時，發現了一張他親手寫的字條，上面列出他自己認為一生最重要的著作有六種。四種是所出版的書，二種則為二篇論文：一為「帝國主義的社會學」（The Sociology of Imperialisms），一為「在種族同一的環境中的社會階級」（Social Classes in an Ethnically Homogenous Environment）。當時這二篇論文都還沒有從德文譯為英文，所以一般經濟學家都不知道它們的存在。就是少數

經濟學家知道有這二篇論文，他們也都視之爲社會學方面的著作，沒有加以重視。但是，在熊氏自己看來，這二篇論文所探討的正是他心目中科學的經濟學之主要的課題，是非常重要的。現在這二篇論文的英譯已於 1951 年編爲一書而出版，書名爲《帝國主義與社會階級》（*Imperialism and Social Class*），由 Angnotus M. Kelly Inc. 發行。（注 20）本節之作擬對其所述之要旨略加介紹。

先以帝國主義一文來說，它是 1919 年印出的，可見是他在第一次世界大戰期間所寫的。他當時之所以寫出這篇論文，戰爭的刺激自然是原因之一，但主要的恐怕還是要討論帝國主義與資本主義的關係。我們知道，當時一群新馬克思主義者曾提出一套帝國主義是資本主義發展到壟斷階段之產物的理論，頗爲一般人所嚮往，但熊彼德則不以爲然。對於這群新馬克思主義者他是以他在維也納大學攻讀時的同學鮑維爾與希佛爾亭二人爲代表。他所要批評的就是他們倆人的論述。至於列寧所提出的「帝國主義是資本主義發展的最高階段」的理論，雖已於 1916 年在俄國提出，但其德文與法文的譯本則

須於 1920 年後才刊出，所以當熊氏寫作時，他恐怕尚無所知。（注 21）

在對於這種理論加以批評以前，他先提出自己對於帝國主義的定義。他認為這是「一個國家以武力對外從事無限度之擴展的非理性的行為」。（注 22）然後提出他對這種理論所不能苟同之處：

（1）如果帝國主義是資本主義發展的後果，那麼，對於資本主義以前所發生的帝國主義又如何解釋。

（2）對於資本主義之自然發展的結果必會產生帝國主義的命題，他也不能同意。他認為在資本主義的社會中人民會將其全部能量用來從事生產工作，已再無餘力從事軍事活動。他說「在一個純粹的資本主義世界中，過去曾用來從事戰爭的能力都已變成為從事各種勞動的力量。」（注 23）在這種社會中，人們為求經濟上的收穫，對於各種活動都會加以理性的思考，絕不致於去從事像帝國主義那樣的非理性的行為。

簡單地說，他認為「資本主義在本質上就是反帝國主義的」。（注24）

（3）他認為將帝國主義視為經濟結構或生產關係所造成的，這種說法是太簡單了。實際上，其間所牽涉的情況是相當複雜的。

那麼，他自己的帝國主義理論又如何呢？他又如何將帝國主義與經濟行為聯結起來，而成為其社會經濟學中的論題呢？為了解答這一問題，他就從事歷史分析。

他發覺帝國主義這種不斷從事對外侵略的非理性行為，主要是由於當時有一種特殊之社會結構的存在才有可能。這種社會結構早在古代埃及與波斯等國就已存在，因為當時這些國家都有一大群不能依賴自己的勞動而生存的人，這樣他們就非經常對外侵佔土地不可。這種社會結構到了十七與十八世紀時也仍然存在，當時的專制國家的政府實際上都是戰爭的機器，統治的君王都以征服他國來增加自己的權威。到了現代資本主義國家，這一社會結構雖然不存在了，但由而所形成的社會態度則未消除。因此，雖然資本主義在本質上是反帝國

主義的，由於其中仍保有過去專制國家時代所形成的好戰習性，結果就有現代帝國主義的產生。由此可見，帝國主義的性格是隔代遺傳的，它的存在不是基於現在的生活情況，而是基於過去的生活情況。（注25）最後他就以「死亡的總是在支配著生存的」一語作為他的結論。（注26）

　　不過，熊彼德後來對於他這種現代帝國主義是封建社會時代之殘餘的理論也有所懷疑。例如他在《經濟景氣循環》中就不時有這種論調，且曾明確地說，「我們當代經濟社會學中之最迫切的問題就是要決定現在帝國主義究竟是資本主義之演化邏輯中產生的呢？還是資本主義之外的其他因素所造成的。」（注27）

四、社會階級

　　接著我們可討論他的關於社會階級的論文。這篇論文雖然是 1927 年才刊出，但據他自己在論文開始時之所述，這種構思早在 1910 年即已完成。後來他於 1913 年到 1914 年應聘到美國哥倫比亞大學任教時就曾講授

「社會階級的理論」一課。自此以後，他無時不在思考這一問題，一直到 1916 年因研究興趣轉變才不再將之作為研究的第一主題。這篇論文是 1926 年應德國海德堡大學之邀作了一次講演而草成的。

在熊氏看來，階級這一概念對於社會科學中有些困難問題的解答是很有幫助的。為了達到這種目的，他認為對階級這一概念必須採取社會學中的解釋，而不能應用理論經濟學中對這一概念的解釋。因為經濟學中的所謂階級只是一種分析的工具，而社會學中的所謂階級則為社會實體的一個顯著的部分。他說經濟學使用階級這一概念是要「將各種不同的事物按選定的某些標準而加以區分」，所以這個概念是「研究者的創作」。（注 28）社會學中的階級則為「一種特殊的社會體機，是活生生的，是有行動的，是能感受的，」是「有它自己的生命與獨特的精神的。」（注 29）這二種概念的差異，熊氏就舉律師與普通工人為例來說明。在經濟理論上，二者都是賺工資的，因此都屬於工人階級。但從社會學的觀點看來，同樣賺工資的人可以分屬不同階級，將律師與普通工人視若屬於同一階級是荒謬的。

　　熊彼德在這篇論文中也與他早年所作的其他論文一樣，要強調經濟學家想要對社會經濟問題作確切的研討，只有從理論經濟學家的狹隘的範域中走出來，改採經濟社會學的觀點去進行，方克有濟。理論經濟學中的許多概念對某些問題的分析是很有用的，但不可能用來解答社會性的問題。就社會階級這一概念論，其中有許多問題是可以分析的。熊彼德則限於「階級的形成」一端而加以論述。實際上，這應該就是階級理論的核心問題。他在這篇論文中就提出其中有關的三種現象加以分析，這就是階級內部的移動、階級之間的移動，以及整個階級的興起與沒落。現可分別加以說明。

　　在熊彼德的腦海中，所謂階級內部的移動是指其中之家庭成分的變動。因為他認為家庭是階級結成的重要元素。他說「家庭不是個人，是階級與階級理論之真正的單位。」（注30）儘管階級的基礎結構沒有改變，其中的成員則已改變。他說「每一階級就像一家客滿的旅館，儘管它總是客滿，其中所住的人則不相同。」（注31）這種變動的過程是緩慢的，常常要經歷數十年之久。何以會發生這種變化呢？其基本原因是各個家庭對

於新情況之適應能力並不相同，有的很能適應，有的則不易適應。例如，以資產階級論，1920年代時其中所組成的主要家庭就與十九世紀中葉的不一樣。因為在資本主義社會中，資產階級必須具有創新能力，這樣才能組成企業，獲得利潤，不然就會衰落，而歸於淪亡。這就是階級內部之移動的基本原因。

其次，談到階級之間的移動，就是要說明人之可以由一個所屬的階級變為另一個階級。同時，這一變動過程也要經歷相當長的時間。其所以如此，熊氏認為上述之「說明在一個階級之內的家庭地位之變動的理由，也可以用來說明階級障礙之跨越。」（注32）

全文中最令人印象深刻、最富有啟發性的一段是他對於整個階級之興起與淪亡的分析。他將重點放在統治階級，特別是封建時代的貴族階級。他認為每一統治階級都有特殊的任務須待完成，封建時代的貴族階級所須完成的任務是軍事性的。在中古時代，封建領主都樂於自行肩負這種任務，但自十四世紀以後封建階級就開始衰落。其中一個原因是由於商業社會的逐漸出現，使軍事性任務的重要性減輕。另一原因是當時貴族階級自己

對於這種軍事任務亦已逐漸喪失肩負的興趣，而欲僱傭兵以自代，俾能有時間從事自己更有興趣的行政管理工作。這樣封建階級自己態度竟已如此改變，那麼，軍事性任務之重要性自然也就更爲減輕了。既然如此，則原以肩負軍事任務爲職責的封建階級，自然也就喪失了其所賴存在的意義了，它的淪亡也就在意料中。

經過以上的分析後，熊彼德最後就由而總結地提出了他自己的階級何以形成的理論。他認爲其中最主要的原因是，創新才能的資質乃均勻地散佈於全國各地或全體人口之中。創新工作一旦成功，創新者的聲望與地位就會上升，這時他自會更加努力，將這種工作一再推進，結果就造成更大的成功。由此可見，成功一旦達成，就會有自己的生命，促進更大的成功。這種情形甚至可以歷久不衰，就是當初造成成功之基礎（創新）不存在了，它還是會繼續存在。這就是階級之所以存在的根本原因。（注33）不但如此，這種成功及其所帶來的聲望不僅落在創新者一人身上，而且還會傳遞到他的家人，使他們也享有更多的發展機會。這些家庭最後終於相互結合而成爲一個社會階級，這就是他的階級理論的

精髓。（注34）由此可見，他的階級理論與他的經濟發展理論是分不開的。實際上，他是在將他的經濟發展理論直接運用於社會學中來從事階級分析。這種情形當他說明資產階級如何產生時就更為明顯。

　　以上是這二篇論文的要旨，我們自可由而看出熊彼德是如何在為求其心目中涵義廣博之科學的經濟學的內容之充實而努力。

注 1 ： Schumpeter, *The History of Economic Analysis*（London: Allen & Unwin, 1954）, pp.815-820.

注 2 ： Schumpeter, *Ten Great Economists*, p.134.

注 3 ： 同注 1 書, p.21.

注 4 ： Richard Swedberg(ed.), Schumpeter, *The Economics and Sociology of Capitalism*（Princeton: Princeton University Press, 1991）, pp.284-297.

注 5 ： 同注 1 書, p.26.

注 6 ： 同上注書, p.27.

注 7 ： 同上注書, p.21.

注 8 ： Schumpeter, The Crisis of the Tax State，刊在注 4 書中,
　　　　p.100.

注 9 ： 同上注書, pp.100-101.

注 10 ：同上注書, pp.101-102.

注 11 ：同上注書, p.106.

注 12 ：同上注。

注 13 ：同上注書, p.110.

注 14 ：同上注書, p.111.

注 15 ：同上注書, p.112.

注 16 ：同上注書, p.115.

注 17 ：同上注書, p.116.

注 18 ：同上注書, p.130.

注 19 ：同上注。

注 20 ：二文均編入注 4 書中。

注 21 ：Paul M. Sweezy, "Schumpeter on Imperialism and Social
　　　　Classes", in S. Harris （ed.）, Schumpeter, *The Social
　　　　Scientist*（Cambridge: Harvard University Press, 1951）,
　　　　p.120

注 22 ：同注 4 書, p.143.

注 23 ：同上注書, p.191.

注 24 ：同上注書, p.194.

注 25 ：同上注書, p.188.

注 26 ：同上注書, p.214.

注 27 ：Schumpeter, *Business Cycles*（New York: McGraw-Hill Book Co., 1939）, p.399.

注 28 ：同注 4 書, p.232.

注 29 ：同上注書, pp.233-234.

注 30 ：同上注書, p.238.

注 31 ：同上注書, p.248.

注 32 ：同上注書, p.255.

注 33 ：同上注書, p.269.

注 34 ：同上注書, p.279.

第六章　哈佛時期

一、從波昂轉到哈佛

我們在第四章中已說明熊彼德自從於 1926 年到德國波昂大學執教以後，終於重新回到他畢生最相宜的學術生涯，並從此不再回返維也納，以示其再無從事政商活動的決心。雖然當時不久就發生一連串的家庭悲劇使他哀痛不已，但後來也逐漸克服。到了 1928 年以後可謂已恢復正常，他每天工作甚為勤奮，除了為應付沉重的債務寫了一些應時的文章以及據而作了一些講演，以賺取額外收入外，所有時間可以說都用於學術研究。其重心可分為三方面：一為貨幣理論的探索，二為經濟變動理論的闡揚，三為基礎廣博之經濟學，也就是他所謂社會經濟學的建立。這與他在所謂「創作活力旺盛的神聖年代」所樹立的方向是一致的。當其在波昂期間，這三方面都獲有相當的成績，現可略述於下。

先以貨幣理論說，這是他一直想寫出這樣一本書，以成為他的第三部的主要著作。但當他寫了數章以後，凱恩斯（John M. Keynes, 1883-1946）卻於 1930 年捷足先登地出版了《貨幣論》（*A Treatise on Money*）。他發

現其內容與他所要寫的相差不多，雖然觀點並不相同，就覺得不必重複了，所以就將這些手稿束之高閣。到了他第二次赴美哈佛講學時就放在斯卑托夫教授手中。後來曾取回要重行撰述，但終未完成。在他逝世後曾在從其所遺文件中發現有此初稿，其中並註明在未經修改完成前不能出版。但後來坊間還是將之以「貨幣的性質」（The Nature of Money）爲題而發表了，使我們能更瞭解他對於貨幣的見解。簡單地說，他認爲貨幣理論應爲一般經濟理論中的一部分，應與其中的價值與價格理論連結在一起，不是一種脫離經濟理論的獨特的理論。他說他要建立的貨幣理論就是這樣一種理論。

　　其次，對於經濟變動理論，他也在繼續研究，其中有二個層面：一爲經濟景氣循環，二爲經濟制度之結構性的變動。在 1920 年代，一般經濟學家都注重經濟景氣循環的變化，這是因爲當時經濟統計資料的數量與品質都已有長足進展的關係。他當時則以手頭不易得到這類資料而未作深入的研究。但對其理論亦有相當的貢獻，例如當時一般都著重以九、十年爲一期的所謂朱格勒循環（Juglar cycle），他則認爲經濟社會中除了上述

的一種外，還同時存在著長達五、六十年的長期波度
（long wave）以及爲期四十餘月的短期循環，這就是他
的一種創見。對於第二個層面，他亦繼續研究，而有我
在第四章所提到的「資本主義的不穩定性」的發表。他
認爲資本主義制度由於其內在的經濟因素會使它趨於自
行毀滅的道途。這是因爲它自從由「競爭的資本主義」
（competitive capitalism）變爲「托辣斯化的資本主義」
（trusfied capitalism）以後，企業家的功能就消失了，大
公司的操作都由經理團隊按部就班去推動，這就喪失了
其賴以進展的動力，而終歸於幻滅。

　　第三，對於廣義的社會經濟學概念的建立，他也寫
了一篇重要論文，題爲「斯摩勒爾與今日的問題」，這
篇論文的要旨，我在第四章中亦曾提到。其所以重要在
於熊彼德能超越「經濟方法論戰」的範圍之外，而提出
自己將歷史經濟學與分析經濟學加以綜合而成爲「社會
經濟學」的見解。他認爲經濟學上這種理論與歷史的分
割對於經濟學的傷害太大，而應以社會經濟學的名號將
之加以統一。他這種概念後來在最後一部著作《經濟分
析史》中有充分的發揮而告成熟，但當他在波昂時期就

已提出，可以說是他思想上一大突破。

　　從以上所述中，可見他在波昂時期的研究是正常進行的，再加上他那幢座落在萊茵河畔的壯麗古雅的寓所，自從聘獲中一位名為 Mia Stockel 的年輕小姐擔任秘書與管家，不久即成同居的伴侶以後，一切起居都得到細心體貼的照料，自然就不會再作他圖了。所以當許多大學，如凱爾（Kiel）、柏拉格（Prague）與自由堡（Frieburg）要聘請他時，他都婉拒了。但是到了 1931 年德國聲譽最為隆盛的世界級的柏林大學要聘二、三位教授時，他立即就表示有興趣應聘，特別是其中的經濟學理論的教職。這一職位原是歷史學派泰斗之一的宋巴特擔任的，而他則將於暑期退休。但他沒有成功，而由他在維也納大學同學，也是德國社會化委員會的同事李德爾接替。同時熊氏也不能接其他二個空位，這當然使他感到非常失望。那麼，他何以會失敗呢？一般都認為這是由二個因素相互激盪而成的：第一是熊氏的人緣太差，幾乎該校大多數的教授都不喜歡他；第二是怕他所負的沉重的債務會影響他的教學。據說當時柏林大學的教授大都是很平庸的，都知道熊氏很輕視他們。既然如

此，他們當然會極力反對，但不能反對熊氏的學術成就，只好就在其奧國所負的債務之重大做文章了。在這種情形之下，就使熊氏不得不想起從 1927 年起就一直想聘他為長期教授的哈佛了。過去他之所以不願接受其邀請，基本上是由於他不喜歡美國的生活，對於德、奧也有所留戀。對於哈佛大學本身，經過他親身的體驗以後，看到其中人才之多，學生數量之大、素質之優，以及圖書設備之豐富，他是非常仰慕的。現在柏林大學拒他於千里之外，他也就立即向哈佛表示有前往服務的意願，哈佛自然樂於踐行過去對他所曾主動提出的諾言了。

從以上所述中，我們當可知儘管波昂大學曾提供他優良的環境使他可以從事安靜的學術研究，但以該校的規模與設備畢竟是一間二流大學。例如他想進一步研究經濟景氣循環就不能有充足的資料，而他之所以要去柏林大學，這也是一部分的原因，因為那邊這方面的資料非常眾多。我們知道，熊彼德從年輕時代開始就以要成為世界上最偉大經濟學家自許，既然如此，他自不會長期侷限於波昂這樣一個小天地，更何況他還是此一二流

大學中的第二號人物，其第一號人物是斯卑托夫。因此，只要時機成熟，他是一定會遠走高飛的。很顯然的，1932 年就是這一時機，他也就這樣轉到哈佛這一世界舞台來抒展其長才了。再想想他那身上還負有一些債務須待處理，現能轉到美國一流大學享受其一流教授的待遇，自然可以使他早日結清積欠，而不必再分身撰寫一些應時的文章或作一些「賣藝式」的講演以賺取額外收入了。這樣他就可以如他的學生、後爲哈佛之教授的斯密賽（Arthur Smithies）所說，專心致志地以全部時間，「將其在戰前所奠下的基礎加以充實，對於他早年所獲的結論加以驗證，看看是否要根據他所從事的歷史的與統計的研究的結果而對它們加以修正。」（注 1）

　　不過，一旦眞的要離開波昂也不是很容易的，首先他與斯卑托夫與大學當局都已建起深厚的友誼，他們都很懇切地要留他，甚至願意支付與哈佛同量的報酬。同時，對於學生亦已建立熱烈的情感，尤其是在他最後要離開的一年，因斯卑托夫告假，其所教的經濟理論一課就由他擔任。他爲此而主持的「研討課」就吸引了許多優秀青年前來參加，其中有些到了後來都有卓越的成

就，例如希奈特（Erich Schneider）就是一位。他於二次大戰後成為德國著名經濟學家並曾任凱爾大學的校長，更使他非常滿意。但是，儘管如此，他還是要走。在走之前，他的學生就開了一個送別會，他在會中就即席發表一些臨別贈言，他曾如此說：

「我永遠不會想去創立一個熊彼德學派，現在沒有這一學派的存在，而且也不該有它的存在。經濟學不是一種哲學，而是一種科學，因此在我們這一學科中不應該有『學派』的存在。現在單以德國論就有半打的經濟學家，他們認為自己是這種『學派』的領袖，為擁護絕對的真理反對絕對的謬誤而戰。但是從事這種奮鬥是沒有意義的。一個人不應該為了要消滅什麼而戰，不像政治與商業，科學是不計近功的。……我願接受後代人士的評判。……如果我有任何任務的話，那就是將所有的大門都敞開著，永不要將它們關閉。」（注2）。我們從上一段話中自可明瞭他對經濟學性質的看法以及他的人生觀。

於是在1932年9月，他就在這種離情依依中與這一馬克思曾經讀過的大學以及貝多汶所出生的故鄉告別

了。現在想想如果他當時得到柏林大學的聘約，他能擔任這一職務的時間也不會長的，因為不久以後，德國的政局大變，納粹上台了。原來接替宋巴特之職位的李德爾就因為是猶太人而被驅逐了。後來還是熊彼德設法將他介紹到美國紐約的社會研究新學院（New School of Social Studies）去任教。熊彼德雖不是猶太人，但是，以納粹政權的本質論，是不會容忍一位富有自由精神的學人高居德國首席大學中之首席經濟學教授的。順便可以一提的，在當時的德國學府中雖然不重視經濟理論，但對經濟理論的教授則非常重視，無形中他就成為教授中最具有權威的，所以可以首席教授視之。因此，熊彼德最後必被迫離開是可以斷言的。只是到了那時，像上述那場溫馨的、意義深遠的送別會是一定不會舉行的。

二、經濟學系的黃金時代

當 1932 年秋天熊彼德到達哈佛時，正是該校新舊校長交替的時候，原來的校長羅威爾（Albott Lawrence Lowell）已由康納特（James Bryant Conant）接任。同

時它的經濟學系亦正屆於世代更替的歲月，當時一群以
陶錫克為首的教授不久之後都將退休。所以，自 1927
年起就決定要聘請一位傑出學人來接替陶錫克主講基礎
經濟理論的課程。當時的人選有三位：一為瑞典的卡塞
爾（Gustav Cassel），一為英國的肯納（Edwin
Cannan），一為熊彼德，大家都認為熊彼德最為適宜。
所以就預定先請他前來擔任一年的訪問教授，然後再看
以後情況的發展再作定斷。經過一年的相處，哈佛方面
決定要留他成為永久教授，但他並不接授而只願隔年再
訪。現在終於將他聘到了，自然感到非常慶幸，尤其是
陶錫克更是感到欣慰，因為他是促成此事的主要人物。
所以當熊氏到達時，就邀他同住，陶錫克的寓所非常寬
敞，就在校園附近，當時他正一人孤居，這樣就解決了
熊彼德日常生活起居問題，他自然非常感激。這種情形
一直維持了五年，到 1937 年熊彼德第三度結婚後方告
終止。

　　同時，在此期間，哈佛還聘請到李昂第夫，哈勃勒
（Gottfried Haberler, 1900-1997），與韓森。前二位都與熊
彼德一樣是遠從歐洲聘來的，而且都是他的年輕朋友，

是受到他的影響而來參與的。再加上哈佛自己培養的青
年學者秦伯霖（Edward Chamberlin, 1889-1967）以及原
來一些已在任職的教員，就成為一個堅強的新陣營，結
果確能發揮其雄厚的潛力，吸引了許多傑出的青年學子
前來攻讀，而造成了哈佛經濟學系的黃金時代。

　　那麼，這又是怎樣一個黃金時代呢？根據在這一時
代畢業的最卓越的哈佛人薩繆森（Paul Samuelson）的
追述，這是在於現代經濟學上三個巨大的變革的浪潮就
都是在哈佛興起或擴展的，這三個浪潮就是凱恩斯革
命、壟斷性或不完全競爭革命以及運用數學與計量經濟
學的方法，使經濟現實的分析能獲得明確的理解的革
命。（注3）當時站在這三股巨浪的源頭上領導的，不
待言，就是上述的那群以熊彼德為首的新進學者，現可
將各人的貢獻略加說明。

熊彼德──運用數學從事經濟研究

　　先從熊彼德說起。他雖然是受聘接替陶錫克為研究
生所開的基礎經濟理論課程，但陶氏還要在二年以後才
退休，所以他當初所教的仍是過去擔任訪問教授時所開

的課程，也就是高級經濟理論與經濟波動問題。同時，他認為數理方法對於經濟學的研究非常重要，他看到當時哈佛沒有開列這種課程，乃自告奮勇地去肩負這一任務，雖然他的數學素養非常貧乏。後來也是由於這個原因，這門課從 1935 年秋天起就改由李昂第夫擔任，因為他是當時經濟學系中唯一懂得數學的教授。這時熊氏自己也就正式接任陶錫克的課。薩繆森也許正由於此，所以他認為哈佛是站在這股重視數學以事研究的源頭上。實際上，如果薩繆森自己不是在畢業後就離開他的母校，哈佛也的確可成為這一方面的先進。但是，他終於決定要在鄰近的麻省理工學院（MIT）去建立自己的家園，哈佛經濟學家在數理研究方面也就這樣成為它最弱的一環。這種情形要到 1960 年代以後才有所改進。

秦伯霖——壟斷性競爭理論的創始者之一

其次，我們可以談談秦伯霖，上面已說他是哈佛自己培養的後起之秀，他在 1927 年所寫的博士論文「壟斷性競爭理論」（Theory of Monopolistic Competition），與後他數月出版的英國劍橋大學羅賓森夫人（Joan

Robinson, 1903-1983）的《不完全競爭經濟學》
（*Economics of Imperfect Competition*）是掀起這場革命最
重要的原始文獻。他這篇論文曾獲得該校著名的威爾斯
經濟論文獎（David A. Wells）。與熊彼德相反，熊氏在
他的課中絕口不說自己所提出的理論，但秦氏在他的課
中就只談自己的理論，對於其他各家之言都無興趣。同
時也與羅賓夫人相反，他堅持他的理論是與羅氏的不同
的，是他一人的創見。她則與一般經濟學家的看法一
致，認為二者是相同的，至少是大同小異。而且後來她
對於這種理論就不再重視，而成為凱恩斯理論的闡揚
者，這就更使他對她不滿。事實上，她是非常博學的，
對經濟成長與馬克思理論都有獨到的見解。經濟學界幾
乎一致認為她應該得到諾貝爾獎，但終未得到，這是經
濟學界所引為最大的憾事。不過，秦伯霖為學態度固如
此偏執，但就壟斷性競爭革命論，他無疑是一位卓越的
創始者。哈佛經濟學系之能有他的參與是很足以增加其
聲勢的。

李昂第夫——提出「投入與產出的分析」

接著可以談談李昂第夫的貢獻，他是俄國人，但在柏林大學完成學業，畢業後曾在凱爾大學任教，後曾到我國當時在南京的鐵道部擔任顧問一年，嗣後即轉赴美國，到 1931 年就成為哈佛經濟學系中的一員。他所著的《美國經濟的結構》（*Structure of American Economy*）一書是與秦伯霖所著的同列為哈佛經濟學系在三十年代最主要的著作。他在該書中所提出的就是一般所謂「投入與產出的分析」（input-output analysis）。這種分析可以說是抽象的、複雜的華爾拉一般均衡體系的具體化、單純化。它將整個經濟社會分為許多個部門或產業，其中甚至將家戶與政府亦視為最後需要的「部門」。對於每個部門或產業，一方面是將它視為一個出售其產品的單位，同時，在另一方面，亦將它視為一個購買其他產業所出之產品的單位。這樣每個產業的「產出」都成為其他產業的「投入」，於是各個產業之間的互相關聯亦就建立起來了。然後再將一些有關的主要部門之統計資料加以蒐集與編組，這就可稱為產業間之產品與勞務以

及生產要素的流轉情形,提出一個相當明確的輪廓。有
了這種輪廓以後,就可以使我們對於社會中所發生的一
些重要經濟變動所引起的影響,作數量的分析與測度。
同時,如果一個國家遇到國際戰爭時,亦就可利用這種
輪廓,研擬出一個經濟動員的藍圖。一般經濟後進國家
如要謀求發展亦可利用它來擬定計畫。所以,這種分析
之實際意義是重大的,李昂第夫就是因此而於 1973 年
獲得諾貝爾獎。

韓森──美國的凱恩斯

現可轉來談談韓森。他於 1937 年由明尼蘇達大學
轉到哈佛來任教時已是一位五十歲的著名學者。當時他
與一般經濟學家一樣,對於凱恩斯的《就業、利息與貨
幣的一般理論》(*The General Theory of Employment,
Interest and Money*)所持的見解亦不以為然。但到哈佛
之後不久,態度突然改變,因為他已體驗到傳統理論已
不能提出一套足以挽救當時的經濟危機,而凱恩斯能從
其理論架構中提出低廉貨幣與赤字支出的對策,這在他
看來是值得一試的。於是他就在「財政政策研討課」中

採取凱恩斯的觀點，對有關財政政策問題大加發揮，一時激起了許多研究生與年輕教員的嚮往，後來甚至驚動了華府中許多官員亦專程前往參與。由於反應如此熱烈，這門課程也就這樣成為將當時正在進行的所謂「凱恩斯革命」傳入美國的管道，而韓森也因而被稱為「美國的凱恩斯」。實際上，韓森實不僅僅是「美國的凱恩斯」而已，他還有自己的卓越的原始性的貢獻。在薩繆森看來，韓森實是除凱恩斯以外對宏觀的總體經濟學貢獻最廣、最具原始性的學者。如果當時已有諾貝爾經濟學獎的設立，他應該早已得到。（注4）

哈勃勒──國際貿易與景氣循環理論的闡揚者

最後我們可以談談哈勃勒。他是維也納大學畢業，為熊彼德的學弟。畢業後曾在母校任教，後來並服務於國際聯盟（League of Nations），這是今天的聯合國的前身。他所寫的《國際貿易理論》（*Theory of International Trade*）是這方面的經典之作。後又有《繁榮與蕭條》（*Prosperity and Depression*），亦為討論經濟景氣循環的名著。他在哈佛所開的亦是這二方面與一般經濟理論的

課程，甚獲其同事與同學之愛戴與敬仰。

　　以上是造成哈佛經濟學系之黃金時代的主力，我想當熊彼德於 1932 年決定參加哈佛陣營之初，是不會想到他這一行動會促哈佛肇致這樣一個光榮的時代的，而結果卻是如此的美滿，他一定會感到這是一個使他感到非常愉快的驚喜。

　　這個黃金時代經歷四分之一個世紀之久而不衰，造就出許多優秀的人才，對於美國乃至世界經濟學界的影響是重大而深遠的。

三、熊彼德時代的伊始

　　1935 年秋天，在哈佛任教將及半個世紀的陶錫克終告退休，其所遺之為經濟學系研究生所開的基礎經濟理論一課就由早在二年前就已聘來的熊彼德接替。自此以後哈佛的經濟學系就展開了一個所謂「熊彼德的時代」（The Age of Schumpeter）。雖然亦在此時，經濟學上一場輝煌的凱恩斯革命也在哈佛揭啓其序幕，而放射出燦

麗的光芒，但就經濟學之教育論，經濟理論之研討畢竟是最基本的工作，因此熊彼德之經濟理論的講述仍不減其對後進之啓迪上的重要性，仍爲一般莘莘學子所嚮往。

在陶錫克任教期間，由於他採取所謂蘇格拉底方法（Socrates method）來講述，收效非常巨大，因而也就成爲當時美國各校仿傚的對象。所謂蘇格拉底方法，簡單地說，就是先由教員提出問題，然後引導學生針對問題從事討論，而逐漸得到問題的答案。這也就是教員自己不提出問題的解答，而由學生自己從討論中逐漸得到。教員就用這種方法將經濟學上對於許多問題的看法灌輸給學生。由於這種看法是由學生自己經過思考而產生的，所以對問題的瞭解也就特別透澈、深切。

熊彼德在接任之初，亦想採取這種方法，但是不很成功，因爲要想使學生對問題的討論能朝向正確解答的方向進展，頗不容易。據當時上過他第一次講這課的學生薩繆森後來的追憶，認爲熊氏之失敗就在於他不斷讓學生打斷他的講述，以致不能使他充分掌握主題討論的方向。（注 5）唯其如此，他不久以後就放棄這種嘗

試，而改用他一貫所採的直接講述的方法。現有幾個關於他教學的特點可以提出一說，以示他的性格之一斑。

第一，他上課時不帶書籍，亦不帶講義，但這不表示他事前沒有準備。反之，他每次上課都經過充分的準備。實際上，他在準備過程中也時常作筆記，只是沒有將之帶進教室，而專憑自己的記憶口述之。所以聽來極為流暢，雖然他的英文有濃重的維也納的德語口音。而且這種筆記作了以後，他也就不再瀏覽。到了學期結束時，就將歷次所作的這些筆記捆在一起，束之高閣。之後就是再開同樣的課，他必重新準備，再作一次筆記。由此可見，他對於教學工作的認真。在另一方面，他雖沒有將自己的筆記帶進教室，但當他在講解過程中感到有些心得時，就會從口袋中取出白紙將之記下而帶回去。所以，他與許多其他教員不同的是，非但沒有筆記帶進來，而且反而有筆記帶回去。

第二，他不用教科書，而將所須閱讀的資料詳細列出，印成一份「閱讀資料一覽表」，發給學生，而由學生自行閱讀。這份「閱讀資料一覽表」往往很長，而且其中有些也很難讀。這自然就要看學生自己的勤勉與功

力了。這種方法實際上是今天美國各大學研究院普遍使用的，但在當時卻是創舉。在這份資料表中絕對沒有他自己的著述，不但如此，他在講課時也絕對不提自己的見解與理論。這在許多學生看來是非常不可理解的，所以有時也會對他加以追問。他的標準答案是，所有他的思想與意見都已刊出了，自己可以去瀏覽。根據他的一個學生的回憶，他只有一次在課中略微提到自己的見解。這就是當他討論到利息理論時，他曾如此說：「龐巴魏克的利息理論是很重要的，而且很富有啓發性，但這不是最後的定論。其他的理論，包括費雪教授與我自己的，也許要更好。」（注6）

第三，他講述的內容非常充實，與陶錫克所授的大不相同。陶氏大都偏於英國古典學人的見解，而熊氏則普及於各派。據上述薩繆森的記憶，他曾提到世界上最偉大的經濟學家有四位，其中三位都是法國人，一爲甘納，一爲康諾特（Antoine Cournot, 1801-1877），一爲華爾拉，第四位才是英國的馬夏爾。這種看法自擴展了學生的視野。同時他對於學生的學業亦極關心，總是鼓勵他們如有問題可以到他辦公室討論。他每週都有固定時

間來接待他們。此外每於上課結束以後亦會邀學生同赴附近咖啡座暢敘。屆時上下古今，無所不談，這樣他與同學之間的關係自然非常融洽。現尚有一點可以提的是，他對自己所要求的學術標準固然很高，但對學生的要求則並不嚴格。對於他們的成績的決定都很寬，當時曾流行這樣一個笑話：他對下列三類學生都給予 A 的成績：一為所有耶穌會會員（Jesuit），二為所有女生，三為所有其他份子。在這種情形之下，他對真正傑出的如斯密賽就只好給 A+，對薩繆森甚至只有給 A++ 了。只是這些等級都是他自創的，學校當局並不承認。

第四，他這樣講述一個階段後，就有不少學生對他讚賞，以後都很有成就，如上述的薩繆森、杜賓（James Tobin）、莫斯格夫（Richard Musgrave）等等都是。還有一些年輕的教員如斯惠茲（Paul Sweezy）、高培思（John Kenneth Galbraith）也前往聽他的課。他們以後也成為卓越的學人。到了 1936 年，他在哈佛的名聲已極為卓著，已成為其經濟學系的台柱，這是他過去在德奧各校任教時所沒有享受到的。於是凡有學人來訪必欲與其晤談。其中有二類由世界各地來的青年學人大

都曾赴哈佛親受他的教益，後來這些學人都成爲傑出的經濟學家，這樣熊彼德所發揮的影響就更爲巨大了。一類是洛克菲勒學人（Rockefeller fellow），一類是英國國協學人（British Commonwealth fellow）。前者是美國洛氏基金會給歐洲各國傑出青年學人出國進修的獎金，後者則爲英國給其本國青年學人出國進修的獎金。這些人大都是經濟學家，其中大部分都到哈佛從事短期進修。現可舉出其中成就最爲宏著的人士如下：來自 Tasmamia 的斯密賽、來自奧國的哈勃勒、摩根斯坦（Oskar Morganstem）、馬赫勒卜（Friz Machlup）、來自波蘭的藍格（Oskar Lange）、來自英國的勒納（Abba Lerner）、卡爾多（Nicholas Kaldor）、巴倫、（Paul Baran）與羅爾（Eric Roll）等等。

從以上所述中，可見他自 1935 年後在教學工作已上軌道。同時他的研究工作亦已繼續進行。貨幣學已放棄不寫了，但《經濟景氣循環》一書則在積極撰寫中。所以，他在哈佛的學術生活已穩步順暢地展開。這樣他就很自然地要對自己的私人生活亦想有所安排。實際上，他自成年以後，對於異性伴侶的交往一直是他生活

上一個重要的組成部分。我們知道，他曾以維也納之最偉大的情人自許。例如，單以正式婚姻論，過去就曾有過二次，但都不很美滿地結束了。第一次是早在大學畢業後赴英國遊學時與一謠傳大他十二歲，而實際則小他二歲的英國上流社會的少婦結合，但不久以後就長期分居而「無疾而終」。第二次則於 1925 年與一比他小二十一歲的奧國少女結婚，二人感情極為深篤，但不久以後他的太太卻因難產而與嬰兒相繼殤亡，這就造成他終生哀痛而無法解脫。自此以後，在波昂期間曾與一德國女郎以秘書名義同居了三年，一直到 1932 年赴美執教而行分離。不過，儘管如此，二人之間的情誼則未中斷，以後每屆暑期，他都會重返歐洲與她作數月的歡敘。一直到了 1935 年以後，二人已完全瞭解這種關係是不會發展到正常美滿的結局的，於是也就逐漸疏離了。

　　自他到了哈佛以後，他在這方面的活動自然沒有停滯。到了 1935 年他遇到包岱（Elizabeth Boody）小姐，旋相處日密，最後終於由同居而於 1937 年底結婚。這是他第三次的婚姻。儘管這次婚姻在熊彼德方面仍有幾分勉強，因為他自認真正的愛情仍只存在於他第二任夫

人的身上，但無論如何這次婚姻對他此後的生涯協助甚大，是一次最成功的婚姻。現可將包岱的生世略加介紹。

她是 1898 年在美國麻省 Lawerence 出生，於 1922 年以優異成績畢業於 Radcliffe College。（這校名義上當時是獨立的，但就教學上論實為哈佛的女生部，因為當時哈佛不收女生，現在則已併入哈佛，因此哈佛今天是男女合校的。）然後即在哈佛擔任零星的研究工作，順便進修碩士學位，於 1925 年獲得。在那期間她對十八世紀英國商業很有興趣，就決定以此為主題而從事博士論文的撰寫。在 1925 年到 1927 年她得到校方資助到英國蒐集資料，並曾到倫敦經濟學院（London School of Economics）作短期進修，頗受當時該校名教授拉斯基（Harold Laski）的影響。1927 年返美後，再回哈佛擔任零星的研究工作。那時結識了年長她幾歲、在哈佛廣場開設書店的 Maurice Firuski。由於二人都喜愛圖書而於 1929 年結婚了。後來他在附近康州（Connecticut）之西北角 Salisbury 另購置一書店，而搬到該城附近的一個小村落 Taconic 居住。在那裡新購一幢寓所，名為「風丘」

（Windy Hill），甚為寬敞，且有一小苗圃，而包岱又喜愛這類栽植工作，所以是一個很好的享受人生的場地。二人在此生活最初甚為歡欣，但不久之後二人之間就發生許多問題。主要的原因是由於她比丈夫幹練而成熟，對於哈佛附近的學術生涯也不能忘懷，不想孤居在小村落以一個小書店的女店東而終其一生。二人經過數年的分居後而於 1933 年離異。在離婚的協定中她得到「風丘」的產權，她以後大部分時間儘管都在哈佛附近度過，但她的住址仍為「風丘」。同時她在哈佛攻讀的博士學位也終於在 1934 年獲得。

　　自此以後她仍在哈佛擔任臨時性的研究工作，主要的是充任教授的研究助理，但終不能獲聘為正式教員，這是當時哈佛對於女性的歧視。儘管如此，她不時參與各種學術活動，熊彼德也就是在這種場合與她結識，後來還聘為自己的研究助理。這樣相處久了以後自然就產生感情，到了 1935 年，她就決定要對熊彼德以身相許，要盡全力協助他達到其學術上所想達到的成就。上面曾提到熊彼德對她仍有保留，因為他的真情仍多於亡妻安妮身上。後經她不斷感以真情，到了 1937 年這位

維也納的最偉大的情人終於屈服而與她完成了婚禮。此後事實的證明，他們這次結合的確是美滿的，不然的話，熊彼德後期的三部鉅著《經濟景氣循環》、《資本主義、社會主義與民主》以及《經濟分析史》之是否能夠問世恐怕是個未知數。以上是他在哈佛最初幾年生活的梗概，我們由而可知他當時是很滿意的。

四、凱恩斯革命

上節曾說 1932 年哈佛之所以要聘請熊彼德是為了要他接替該校資深教授陶錫克為研究生所開的基礎經濟理論一課。但陶錫克則要到 1935 年才退休，所以他真正負起主講經濟理論一課是在該年開始，而他也在這一年的九月再被加聘為講座教授── George F. Baker Professor of Economics，這樣自然增加他的學術地位。但亦於此時，哈佛經濟學系就揭開了凱恩斯革命的序幕。接著就成為此種革命之在美國的基地，而熊彼德則是反對此種革命的，這樣自然沖淡了熊氏之理論課程所發射出的光輝。其間的經過情形如何？現可略加追述。

我們知道，美國自從 1929 年發生經濟不景氣以來，一直到 1935 年還無起色，經濟學界正在潛心研究。熊氏自己也正在撰寫《經濟景氣循環》一書。但在他的心目中，經濟學家所要探究的是問題發生的原因，也就是現代經濟社會何以會演變到當時的景況？是什麼原因引起景氣循環與經濟蕭條？至於問題如何解決則不是他所要追尋的。他認為這不是學術研究的重心，不是科學家所應負的任務，而是公共政策的問題，是政治人物所應研討的。許多其他經濟學家則不以為然，他們認為經濟學家自應同時研究問題的成因與解決的對策，其中最著名的是凱恩斯，他當時且宣佈他已找到對策，而要為這種對策找到理論根據，因為傳統的理論已不能說明了。對於這種政策他早於 1933 年就已不斷在報章雜誌上發表，並且於 1934 年曾拜訪美國總統羅斯福，向其建言。簡單地說，這就是政府應增加支出，以促使當時過多的儲蓄步上投資的途徑，而達成經濟復甦的目的。這種新型的政策自然引起各界的注視，現在對於這種新政策加以說明的理論，他說已於 1935 年寫成，不久即可以《就業、利息與貨幣的一般理論》（簡稱《一

般理論》）一書來表達。他曾於 1935 年元旦致函給蕭伯
納（Bernard Shaw），認爲他這本書將會大大地改變世人
對經濟問題的看法，會對經濟學引起一場革命。這自然
更引起經濟學界的關注了。

就在 1935 年的秋天，哈佛來了一位加拿大籍的研
究生柏萊斯（Robert B. Bryce），他剛在英國劍橋大學上
過凱恩斯的研討課，大家就爭相向他問過究竟。柏萊斯
也就拿出他自己的講義與筆記向大家加以轉述。後來該
書出版了，大家也就爭相競購，於是凱恩斯革命也就這
樣在哈佛揭開。熊彼德處在這種氣氛之下感到非常無
奈。現在可先將該書所傳佈的信息略加說明。

概述《一般理論》

經濟學過去大都是以經濟的個別情況作爲研究的中
心，凱恩斯則認爲應著眼於整個經濟社會的變化來從事
分析。如運用今天所用的術語來說，過去的理論大都是
個體理論（micro theory），不是總體理論（macro theo-
ry）。爲從事這種探索，凱恩斯就集中於整個社會的所
得，也就是今天一般所謂國民所得。所謂國民所得

（national income）是所有國民的所得，也就是各人之所得的總和。各人之所以有所得就是由於他在從事生產，所以，所得與生產是同一件事的二個層面。他認爲社會中所得與生產的變動是取決於各人所從事之儲蓄與投資的數量，這二種行爲是由二群不同的人基於不同的動機而從事的。所謂投資者是一群從事實質資本之形成的人士，而投資即爲這種實質資本的形成。如果投資者想要投資的數量超過了儲蓄者的儲蓄，那麼，投資者對於所得所引起的增加就超過儲蓄者從所得流量中所取出的數量。儲蓄者的行爲是被動的。他能儲蓄，也就是他所能減少的支出，就要看他有多少所得。所得愈多，儲蓄就會愈多，所得的增加是因投資的增加而引起的。這種增加，最後就會使儲蓄與投資歸於相等。投資者總是在謀求利潤的，他們所需的資金不會受到儲蓄者之決定的約束，如感不足，則可以向銀行商借。銀行則可以創造信用或使用原已聚積的儲蓄以滿足投資者的需要。不管動機爲何，儲蓄者都只是將其沒有消費的所得儲蓄下來。

　　凱恩斯認爲，雖然儲蓄與投資都是各人自行決定的，但經濟社會中的所得則可以增加，也可以減少。這

樣變動之後必可使儲蓄的數量等於投資的數量。在凱氏新的理論體系中，生產與所得是使經濟社會達於均衡的力量，不是傳統理論中那樣，認為各物價格的變動可以促使經濟社會達於均衡。我們知道，在正統理論中，物價、工資與利率的變動可以改變消費者之從事儲蓄與投資者之從事投資的決定。但在凱氏看來，在經濟蕭條時，物價、工資與利率並不下降，至少沒有下降到足以發揮調節的功能，使整個經濟社會達於均衡水準。在經濟蕭條時，一般人就減少購買，廠商也減少生產，解雇工人，一般人只是將他們原有的貨幣保留在身邊，並不能影響利率的下降。因此，著名的賽伊定律（Say's Law，所謂「供給能創造自己的需要」）根本不能發揮，可見促進經濟社會趨於均衡的不是價格的變動而是所得的變動。

如果一般人不斷地想要多儲蓄，超過了投資者所想要投資的，那麼所得必定會減少，隨著儲蓄也因而減少，一直減少到投資與儲蓄歸於相等為止。這一所得數量是經濟社會中之所得與生產的均衡水準。如果儲蓄與投資的數量沒有變化，這一均衡水準就會保持下去。每

一所得與生產的數量都有與它們獨特配合的就業與失業的數量。整個經濟社會就將所得、生產、就業與失業等等的數量連結起來，其中只有一種所得水準是表示充分就業的。低於這一水準就表示社會中有非自願的失業的存在，儘管這一水準也是儲蓄與投資相等的均衡水準。在凱恩斯看來，經濟社會中沒有一種機能可以保證其所得必能達於充分就業的所得水準，儘管這一水準是均衡水準。如果經濟社會是在充分就業時達於均衡，後來由於某種原因，投資者決定不再投資，那麼所得就會下降到較低的均衡水準。如果投資者不再恢復投資，這就會引起長期失業的存在。凱恩斯相信這就是英美二國當時所處的情景：投資業已中斷，而儲蓄則不斷增加。

　　這種分析就使凱恩斯提出一種解救長期蕭條的對策。如果私人投資者不願投資，政府就須起而代之。政府可以增加支出以彌補私人投資之不足。政府這種支出可不以課稅方式而籌得資金，這樣就非但不會引起國民所得流量的減少，而且還會促成其增加。換句話說，政府可以從事赤字支出，來恢復充分就業。

熊彼德對凱恩斯觀點的評析

熊彼德對於凱恩斯這種分析很不以爲然，要而言之，有下列數點：

（1）他深信「一般均衡」模型之功能，經濟社會中之價格與產量的調節是存在的，經過這種調節是可以恢復經濟均衡的。所以他認爲凱恩斯如此強烈地否定是沒有必要的，他之另作假設是沒有意義的。就是以事實論，在三十年代，物價與工資的確不易變動，但不是所有的部門都是如此，也不是所有不同歲月都是如此。熊氏不相信價格功能一時的中斷，短期的失敗，就能假定價格完全維持不變。

（2）熊彼德認爲經濟理論與經濟政策必須加以區別：經濟理論是科學，經濟政策則爲實務。沒有一種科學是會在討論政策的過程中成長的。這是因爲在討論政策時，價值判斷就無法避免，同時一些有礙科學研究的觀點也常會被接

納。雖然就歷史論，經濟學是從討論實際問題中誕生的，但經濟學的進步則只有與政治及倫理的論據相隔離才有可能。熊彼德認為這是科學發展的定則，是必須體識的。當凱恩斯的《一般理論》於1936年出版後，熊彼德就寫了一篇書評，立即指出其中所蘊含的政治導向，他認為不能將一套對一個國家在某一時期所面臨的特殊歷史情況所提出的政策罩上一件「一般科學真理的外衣」（the garf of general scientific truth），因為這與科學並無關係。（注7）

（3）熊彼得認為凱恩斯的總合分析不能增進我們對於經濟事象的真切瞭解。在他看來，經濟機體只有通過對其所組成之經濟個體的相互依存關係的分析中，才獲致透澈的體識。從這一觀點看來，凱恩斯的總體經濟分析只將一些與實際問題直接相關的變數加以探討，所有其他的變數都不加考慮，這是將實情處理得太簡化了。因此，由而所產生的結論自然也就缺乏說服力了。

（4）熊彼德反對凱恩斯完全集中注意於短期現象，短期短到生產關係沒有變化，創新沒有發生，這是太短視了。熊氏認為凱氏沒有考慮到時間長到可以讓價格調整，可以讓企業家及創新發揮功能，以扮演調節的任務。熊彼德認為創新與生產結構的持續變化是資本主義過程的精髓，是經濟繁榮與蕭條的原由。而凱恩斯則完全將這些不予考慮，是謬誤的。

（5）熊彼得認為凱恩斯為了克服資本主義運作一時的失調乃將其傳統的信念摧毀了。我們知道，在資本主義社會中，儲蓄一向被視為資產階級生活的一面，是一種美德，而財富與所得分配之不平均，則為求經濟進步所不可避免的「惡」，是可以忍受的。所以儲蓄一向被視為資產階級賴以存在的「最後一根理論支柱」。現在凱恩斯則不惜將之放棄。熊氏認為這就是凱恩斯革命的真諦。（注8）但是，這種對於資產階級之固有價值的否定，就成為肇致資本主義之崩潰的最有力的非經濟因素。因此，熊彼

德認為凱恩斯為求資本主義經濟之短期復甦，
卻種下了其長期淪亡的根源。這是他對凱恩斯
之最激烈的評判。

　　但是，儘管如此，他的同事與學生，尤其是其中優
秀的，如薩繆森等大部分都先後成為凱恩斯革命的領袖
與號手。這自然使他感到非常失望。這時使他更感到失
望的恐怕是自己的《經濟景氣循環》一書不能在他所預
期的於三十年代的中期出版，不然的話也許可以與凱恩
斯的著作一爭光彩。等到它於 1939 年出版時，第二次
世界大戰業已爆發，世人都去關注戰事之發展，而以哈
佛的經濟學系論，凱恩斯的理論與政策也已居於主導地
位。以闡揚此項理論與政策為主旨的他的同事韓森教
授，就成為美國經濟學界的領袖，而展開了薩繆森所謂
的韓森時代。這樣熊彼德這本鉅著自然也就只能引起少
數學人的重視，沒有人會將之與凱恩斯的《一般理論》
等量齊觀。他內心所感到的落寞是可以想見的。

五、後期的生活

熊彼德教授是於 1932 年秋到哈佛任教的，當時對自己將來是否要在該校度其餘生並無決定。但經過一年的生活以後，他雖然對美國這個他認爲過分自由的國家並不十分喜愛，但對哈佛之清新的環境與濃純的學術氣氛則極爲欣賞。再加上當時希特勒已在德國掌握政權，儘管他當時對希特勒所提出的懸想並不絕對反對，但他亦感到以他的個性要想保持其在德國大學的超然教授地位而繼續生活下去必定遇到種種困難。因此，到了 1933 年五月他就決定向美國移民局申請要成爲美國公民。

自此以後，他就在哈佛生活下去。在最初數年，他感到非常滿意，不但在教學與研究方面都有絕對進展，而且到 1937 年還完成他第三次婚姻，這些我在前文已略加敘述。但到 1939 年以後，他的情緒就逐漸發生了變化，對哈佛的喜愛也就漸漸不如往昔了。其所以如此，約有二方面的原因，一爲個人的感受，一爲政局的發展。現可分別略加說明如下。

先以他個人感受方面論。第一，他已感到他受到學

生與青年同仁的敬愛程度已遠不如從前，他們大部分都已成為凱恩斯的信徒，而漸漸與他疏遠。這種情形到了1939年他的鉅著《經濟景氣循環》出版以後的反應就可充分看出。當時他們很少會去注意曾有這樣一本書的出現，更不要說要想與凱恩斯的《一般理論》抗衡了。

第二，他對於一般同仁的印象並不很良好，認為很少是真正篤學之士，這樣也就自然不會與他們相處得很融洽。

第三，他對於經濟學系當局亦有所不滿，這約有下列三點：

（1）在一次系會中曾有人批評他對學生成績的評定標準過於寬鬆，不很妥當，他認為這是對他的侮辱。

（2）有一年校中為經濟學系新設了二個「講座教授」（chair professor）的職位，系中沒有請他擔任其中之一，他認為對他不夠敬重。在此要順便說明的是，美國著名大學除由其自行聘請各科系所需之一般教授外，還有一種所謂「講座教

授」。這種講座教授的職位都是由校外人士捐款而創立的，所以在這種教授之前都冠以捐款人自己或其指定人之姓名。這種教授的待遇完全從捐款投資所獲之利息中支付，由於捐款人所捐之款額不同，因此各個講座教授之間的待遇多有不相同。但這種待遇必定都高於校聘的普通教授，因此，凡是被聘為講座教授者，其在校內所享之聲譽與地位必定高於一般普通教授。同樣的，在講座教授中，待遇高者所享之聲譽亦必高於其中之待遇低者。以熊彼德論，我們前面曾提過他在 1935 年就已被聘為「喬奇‧貝格講座教授」，但其待遇則不若新創設者，因此他有上述之不滿。

（3）另一使他不滿的是 1940 年系中對於其最傑出之「明星學生」薩繆森之聘任案的處理。薩繆森在尚未獲得博士學位以前，就已被該校聘為「卓越學人聯誼會」（Society of Fellows）的初級會員（Junior Fellow），其地位已超過一般教員（instructor）。現在他既已獲得學位自應改

聘爲助理教授（assistant professor），但系方卻
仍聘他爲教員。後來他獲附近麻省理工學院聘
爲助理教授，這時哈佛如果想要留他，照一般
慣例，自應立即按例改聘爲助理教授，但因系
會中仍有少數人反對而無法達成。熊氏對此極
爲不滿，曾在辦公大樓走廊上大聲咆哮：「我
能瞭解如果他們是因爲是猶太人而不聘他（薩
氏是美籍猶太人），但不是如此，而是因爲他
比他們都強。」（注9）

由於上述三種情形的發生，使熊氏感到非常不快。
這時耶魯大學正要聘他到該校，於 1940-1941 年任教一
年。在與他接洽時，他曾將他對哈佛不滿的情形向他們
吐露。耶魯就立即要以比照哈佛待遇聘他爲該校最著名
的 Sterling 講座教授，並由他主持經濟學系研究生部的
全部學術性的工作。熊氏表示可以考慮。這時哈佛方面
已得到風聲，熊彼德就於 1940 年 6 月 3 日接到二封懇
求留任的信，一來自系中所有資深教授，一來自他的學
生與年輕教員。後者寫得特別感人，其中曾謂「哈佛之

被視爲世界上之經濟理論與景氣循環的中心，大部分是
由於你的貢獻」，又謂「特別要指出的是你不僅僅是我
們的老師，而且我們常以你能成爲我們眞正的朋友爲
榮。我們深切地體驗到你的離去將成爲我們以及未來的
哈佛學生的一個無以補償的損失。」（注 10）這群署名
的學生後來都成爲卓越的經濟學家，其中有二位且榮獲
諾貝爾經濟學獎，他們是薩繆森與杜賓。後來熊氏就是
由於受這封信的感動而終於留在哈佛。但是，儘管如
此，他在哈佛所感到的孤獨與疏離則始終沒有從他心中
消除。

　　以上是就他個人的感受方面來討論，現在可轉而討
論更重要的政局發展方面。我們知道， 1939 年春的世
界局勢已到了大戰爆發的前夕，而熊彼德也正在這一年
的 4 月 2 日宣誓爲美國公民。儘管如此，在他的內心實
際上仍是一個歐洲人。他對於即將來臨的戰爭對歐洲以
及整個世界帶來的創傷非常畏懼，所以他在戰前就一直
向友人與同事表示必須設法避免這場戰爭。爲了避免這
場戰爭，就是對希特勒讓步也是值得的，因爲這樣可以
避免整個歐洲文明的毀滅，不僅是她的經濟，而是更重

要的是她的文化。

　　他認為資本主義已經禁不起再有一場戰爭，他的警告不是基於對於社會主義的恐懼，因為他相信社會主義必會從資本主義社會之自然演變中來臨的。但他害怕法西斯主義，國家控制的資本主義以及個人自由的喪失。他認為一場戰爭會使歐洲遭受約束的、由政府控制的資本主義一旦掌握在極權政府手中，就會成為歐洲各國之永遠的特色。同時，他還認為到了那時就是美國也不能苟免於同一命運。

　　他看到德國已是一個法西斯國家。他對納粹所作的經濟安排並不贊同，但他相信希特勒與納粹政權的生命是一時的短暫的，到了相當時機，德國人民必會將之推翻。到了那時，法西斯在經濟上之惡劣特性就會消失。但是，在此期間，希特勒是歐洲抵制俄國擴展之龐大的阻障，而俄國就是強制性的社會主義的代表。熊彼德認為比較聰明的辦法是讓希特勒達到一些他在歐洲所要達成的願望，以換取歐洲免於受到俄國式社會主義的侵犯，反正德國人民最後必會推翻希特勒與其政權的。基於這種理由他開始反對英國要控制德國力量的政策，因

為他認為這是在減少抵制俄國的力量。

熊彼德在戰前對日本的友好態度也不是秘密。他公開反對他自己新近才歸化的美國在經濟上與外交上加於日本身上的壓力。因此,許多人都認為他在戰爭上不但是親德的,而且也是親日的。熊氏的這種態度不為他的同仁所接受,自然就陷於孤立了。不但如此,他對於羅斯福及其新政也是反對的,他認為經濟蕭條必須任其自行走完它自己的道路,到了那時經濟復甦就會來臨。任何人為的干預都是徒勞無功的,只有從經濟波動中自然產生的經濟復甦才是可靠的。這種態度又不是他的同仁所能苟同的,這樣他在哈佛的處境自然也就更孤寂了。

除了他自己以外,他的夫人伊利沙白也被視為親日的,因為她在戰前亦曾公開如此主張。他的夫人也是哈佛出身的經濟學家,曾在哈佛擔任短期性的研究工作,這些我在前文中亦已提過,後因曾編過了一本《日本與滿洲國的工業化, 1930-40》(*The Industrialization of Japan and Manchukuo*)的書而被懷疑。結果二人都被美國聯邦調查局(FBI)監視,最後都以查無實據而不了了之。

　　由於以上所述，熊彼德在哈佛的生活於 1939 年以後就一直不很愉快，心情常很消沉。但是，儘管如此，他對教學與研究工作則仍未放鬆。相反的，他只會更加勤奮，因為他感到只有這樣才能稍減其內心的苦楚與鬱悶。例如，在所授的課程方面，在 1930 年代他所教的主要為經濟理論與景氣循環二門。到了 1940 年代則再增加三門：經濟學史、貨幣銀行與社會主義經濟學。在 1941 年，他不但到耶魯兼課，而且還到波士頓之著名的魯威爾學社（Lowell Institute）做了一系列共為八次的學術講演，題為「我們時代的經濟詮釋」（An Economic Interpretation of Our Time），（注 11）前面所述的他對於戰爭的看法就是根據他這一系列講演而寫出的。再如在研究工作方面，則從事《資本主義、社會主義與民主》一書的研撰，這書在 1942 年出版。當時不但在學術界引起一陣旋風，就是在社會各界亦為一般有識人士所重視，是他所出版的書最成功的一本。自此以後，他則一直在從事《經濟分析史》的撰述。到了 1950 年 1 月 7 日的晚上他終於在自己寓所的臥塌上一睡不醒而離開這一世界時，他這一部書也已大致完成，後來經其夫人加

以整理而於 1954 年出版。

　　唯其如此，他在哈佛的最後十年固甚感孤寂，但在經濟學界的地位則日益隆盛。例如於 1948 年被選爲美國經濟學會的會長。如果不是突然逝世，他還會成爲新成立的「國際經濟學會」（International Economic Association）的第一任會長，因爲這是早已選定了的。由此我們也許可以這樣說，儘管他自己認爲不能爲青年時期對自己的期許要成爲世界上最偉大的經濟學家而感到壯志未酬，但在他有生之年已能在經濟學上有如此輝煌的建樹，是應該可以滿意的了。

注 1 ： Arthur Smithies, "Memorial: Joseph Alois Schumpeter, 1883~1950", *American Economic Review*, No.4., 1950. p. 632.

注 2 ： 轉引自 Allen, Opening Doors, vol. 1, pp.295-296.

注 3 ： Paul Samuelson, Economics in a Golden Age: A Personal Memoir, in *The Collected.* "Scientific Paper of Paul

Samuelson", Vol.4（Cambridge, Mass: MIT Press, 1977）
p.889.

注 4 ： Paul Samuelson, "Alvin Hansen as a Creative Economic Theorist," *The Quarterly Journal of Economics*, vol. XL No.1 1976, p.27.

注 5 ： Paul Sammulson, "Schumpeter as a Teacher and Economic Theorist," in S. Harris(ed.) *Schumpeter, The Social Scientist.* （Cambridge, Mass: Harvard University Press, 1951），pp.50-51

注 6 ： Allen, *Opening Doors*, p.42.

注 7 ： Schumpeter, "Review of Keynes's General Theory", in Richard V. Clemence(ed.), *Essays of Joseph A. Schumpeter* （Transaction Publishers, London, 1989）, pp.160-161.

注 8 ： Schumpeter, *Ten Great Economists*, pp. 289-290.

注 9 ： 同注 6 書, p.95.

注 10 ： 同上注書, p.96.

注 11 ： 該文重刊於 Swedberg(ed.), Joseph A. Schumpeter, *The Economics and Sociology of Capitalism*, pp.339-400.

第七章　經濟景氣循環

　　以上已對熊彼德一生的經歷作了簡略的素描，從本章起擬將其到哈佛以後所完成的主要著作，一一加以討論，以明其後半生對經濟學的貢獻，而確定其在歷史上的地位。

　　熊彼德在 1932 年來到哈佛之後，原來還是想要將《貨幣學》重寫成功，此外他還想寫一本《經濟學的理論工具》(*The Theoretical Apparatus of Economics*)。最後還是放棄這二種企圖，而集中力量從事《經濟景氣循環》之新書的撰作。這可以說他要再成為一位經濟理論家所作之努力的表現。這一著作分為二大卷於 1939 年出版，可謂為他的《經濟發展理論》一書之續篇。正如他在《經濟景氣循環》一書的序文所說，他在前一書中已對資本主義發展過程提出一套基本的理論工具，他稱之為建築的台架(scaffolding)，現在則要將之築成一棟房屋。不過，他說「要將之從一個施工的台架轉構成為一棟房屋卻超過了我原本想花的時間」。（注 1）其所以致此，是因為他的野心很大，要將資本主義自始迄今的全部發展詳細地加以瞭解。正如該書之副題所稱是「資本主義發展過程的一個理論的、歷史的與統計的分析」（A

Theoretical, Historical and Statistical Analysis of the
Capitalist Process）。由此可見，他這本《經濟景氣循環》
實際上就是對資本主義之經濟過程的分析。他在序文中
說他之所以稱其為《經濟景氣循環》是為了要將其內容
簡明地表示出來。由此我們自可更明顯地看出這本書與
其《經濟發展理論》的連續性。它的理論根源是來自
《經濟發展理論》，然後應用歷史的與統計的資料加以充
實。這種構想他在 1920 年代就已形成，因為正在那十
年間，他對德國歷史學派首領斯摩勒爾之著作的精義加
以重估，乃對於歷史研究法產生嚮往的心情。他認為經
濟理論應利用歷史而加以發展。這樣一種新型的較優的
具體切實的理論就可產生。他就想通過《經濟景氣循環》
這本書來表示經濟科學的確可以成為一種與實情相符的
科學。不過，他強調他不想在這本書中將資本主義的經
濟學與社會學之全部範域都予以研討，因為這樣所涉及
的課題太廣泛。他只想從純粹經濟的觀點來討論資本主
義，而將其中之社會學的部分暫予擱置。所以，他這本
書是假設在社會結構不變的情況之下，討論資本主義如
何從十八世紀發展到 1930 年代的全部過程。現可將其

要點略加說明。

一、景氣循環理論的三個輪廓

首先要指出的是，他所提出的景氣循環理論與他早在《經濟發展理論》中所提出的一樣，只是現在他還要利用美國、英國與德國在 1787-1938 年間的歷史與統計資料將其經過情形加以陳述。概括地說，他用三個步驟或三個輪廓（approximation）來分析這一經過。在第一個輪廓中，他將創新引入一個原處於均衡的經濟社會。（注2）結果這種均衡自然就被打破而激起一種脫離這一均衡的移動。接著就立即引發另一些創新的出現，使這種移動更為增強，這就構成了「繁榮」（prosperity）。在這一時期，就促致物價與利率的上漲。不久以後，創新的速率減低了，產量、物價與利率就開始下降，一直到達另一均衡的重新建立時為止。這一減縮的過程就是「衰退」（recession）。所以，在這一輪廓中，經濟景氣循環只有二個階段，這就是繁榮與衰退。

接著他提出第二個輪廓，這時經濟景氣循環就經歷

了四個時期。這是因為創新對經濟社會所引起的「原始波動」（prime wave）可能會激起一些「後續波動」（secondary wave）。（注3）例如，現若有一企業家在某一市鎮設立了一個工廠，自然會增加當地零售商的銷路，這就構成「原始波動」，這種波動就如上所述會漸漸地促成經濟步上繁榮之境。但這時這些零售商自然就會增加向他們的批發商進貨，以應消費者的需要。接著這些批發商又會增加向他們的製造商進貨，如此層層相應就構成了「後續波動」。這時這些活動都是依各人對於未來情況的預估而進行的，其中甚至也不無投機的行為。既然如此，錯誤就不可避免。結果就可能會形成進貨過多，以致不能銷售而發生虧損。在這種情形之下，整個經濟過程自不易即經由「衰退」而恢復均衡，而會陷困境，這就是「蕭條」（depression）。不過，儘管如此，經過相當時日以後，這種困境還是會打破而逐漸好轉，而達於另一均衡，這就是「復甦」（recovery）。所以，這時景氣循環就經過了上述之四個時期。以後再有創新發生時，這種循環就會再行發生。

　　最後他又提出第三個輪廓。（注4）他認為經濟循

環不是只有一種，而是可以同時有三種循環的存在。一種是「凱欽循環」（Kitchen cycle），是法國學人凱欽（Joseph Kitchen）所首先提出的，故如此命名。這通常要經歷四十個月方會結束，基本上是一種存貨的循環。所以熊彼德不認爲這是由創新所引起的，只是經濟體制之內部機能反應而已。第二種是「朱格勒循環」，是另一位法國學人朱格勒（Clement Juglar）首先提出的，故亦如此命名。這種循環通常要歷八年到十一年之久，這是一般公認的基本的循環。第三種是俄國學人康特拉底夫（Nikolar Kondratieff）所提出的長期循環或長期波動（long cycle or long wave）。這種循環須歷五十五年才告結束。在熊彼德看來，這種長期循環也是由創新所引起。不過，這時的創新不是只有一種，而是有許多創新同時發生，而且規模也比較大。他認爲由蒸汽機、紡織機與冶金業以及工廠制度的興起等等一大堆創新所引起的產業革命，可以說康氏循環的第一個繁榮時期。它是英國於十八世紀最後二十五年開始的，歐洲與美國在不久後也相繼跟進。到了十九世紀中葉以後，美國與歐洲開始建築鐵路，這就引起第二個康氏循環。到了二十世

紀初葉，電器業、汽車業與化學工業的興起又構成第三
個康氏循環的開始。

　　以上是熊彼德自己所稱的分析的「骨架」（skele-
ton），然後應用豐富的歷史的與統計的資料使它有了血
肉。（注5）這部書出版後，曾有許多書評的刊出，大
多數都是加以讚賞的，但亦有提出疑異者，其中最著名
的是顧志耐（Simon Kuznests, 1961-1985）所質疑的。
簡略地說，他提出三個問題：

（1）何以創新總是成群結隊洶湧而來，然後於停止
　　　一個階段，而又再洶湧而至？何以不會像一條
　　　河流那樣經常不斷地平穩而順暢地流下去？
（2）何以景氣循環會有四個時期，其間的轉折又如
　　　何劃分？在這裡他很懷疑熊氏的統計學的素
　　　養。
（3）何以三種循環會同時出現？長期波動是眞的存
　　　在嗎？（注6）

　　顧志耐當時是美國賓夕泛尼亞大學教授，後轉赴哈

佛任教，曾於 1971 年獲諾貝爾獎。他這些批評曾引起
許多經濟學人的共鳴。但儘管如此，這仍無損於這本書
的價值。因為它畢竟是首先從理論、歷史與統計三方面
來研討資本主義發展過程的著作。同時，作者所想要由
而說明的不過是這種發展過程是採循環方式進行下去
的。至於這種循環究竟有多少方式，是一種、二種、三
種或十多種則不是作者所特別重視的。他所強調的是這
種循環是由創新與企業家之行為所啟動的。這無疑是一
種嶄新的見解，是有其在經濟思想史上之地位的。

注 1 ： Schumpeter, *Business Cycles*, Preface, P. V..

注 2 ： 同上注書, p.130.

注 3 ： 同上注書, p.145.

注 4 ： 同上注書, p.111.

注 5 ： 同上注書, p.134, 222.

注 6 ： Simon Kuznets, "Schumpeter's Business Cycles", *American Economic Review* 30, 1940, pp.257-271.

第八章

資本主義、社會主義與民主

　　熊彼德於 1939 年出版他的鉅著《經濟景氣循環》一書後，接著就著手撰寫他的《資本主義社會主義與民主》一書而於 1942 年完成。（此後對於此書的名稱即簡寫爲《資本主義》。）他之所以要這樣做，是由於他在著述前一書時，就已感到要將資本主義之有關經濟與社會二個層面的內涵全部在一本書中加以周詳的分析是不可能的。所以他在《經濟景氣循環》一書中就只將其經濟層面之歷史的統計與理論的內涵加以研討，而將其社會層面暫置勿論。換言之，他是假設在 1787 年到 1938 年間，資本主義的社會制度完全沒有發生變化而進行的。當他在寫作的過程中，他感到這種假設之採取在沒有討論 1930 年代時的確很有幫助，但等到要討論 1930 年代時，他就感到要堅持這種假設實在非常困難。因爲他發覺資本主義發展到了那時實已漸漸由他所謂的「競爭的資本主義」轉變爲他所謂的「托拉斯化的資本主義」。既然如此，他認爲對於資本主義之分析的範圍就須擴展，應超越純粹經濟學之領域。爲了完成這一工作，他決定立即接寫《資本主義》一書，看看資本主義這種制度上的變化如何影響它的經濟過程或經濟機制。

所以，就這一意義上看，《資本主義》一書實為《經濟景氣循環》一書的繼續，是它的補充。

　　他在這部書中分五部分來敘述。先討論馬克思主義，接著就切入資本主義、社會主義與民主的本題，最後則追述各國社會主義之政黨的發展歷史。現在除對其最後追求各國社會主義政黨之歷史從略外，即按其程序分別對其內容加以論述。首先從他對馬克思主的體識說起。

一、馬克思的分析

　　在現代著名經濟學家中，熊彼德恐怕是唯一對馬克思主義加以認真研究的人，同時也是一位最受馬克思影響的人。對於這一點，他自己在其第一部鉅著《經濟發展理論》日文版的自序中就交待得非常清楚。他說他在該書中所要建立的是一個「關於經濟演變過程的理論模型」，這就使他不能不想到馬克思。因為他說馬克思之最大的貢獻就在於「提出一個意景或願景（vision），認為經濟演化是一個由經濟機體本身所激發出來的明確過

程。」（注1）

馬克思早年就是根據這種體識對資本主義演化過程加以研究，最後終於從對其內部自然發展的觀察中得出，資本主義必歸淪亡而由社會主義代之的結論。對於這一結論自爲一般社會主義者所贊同，但同時亦引起當日德國歷史學派的興趣。所以到了二十世紀之初，就如上述，它就成爲當時思想界研討的熱門問題。年輕的熊彼德自然也受到這種感染，要對此問題加以研究。但身爲經濟學家，他總覺得很難將它融入自己的分析體系中，他的分析體系是深受華爾拉與龐巴魏克的啓示而形成的。不過，他早在1914年撰述《經濟學說與方法：一個歷史的素描》一書時就已表示，在馬克思的思想中有經濟學的成分，也有社會學的成分，要想對之加以透徹的瞭解自可分從這二方面入手。後來經過多年的體察，他就覺得要將馬克思主義與他自己對經濟學的體識連結起來，就只有通過他自己基於韋伯的啓示而產生的「社會經濟學」的概念來進行，方有可能。我們知道，這種「社會經濟學」的內容包括四個部門：經濟理論、經濟史、經濟社會學與統計學。因此，從這一基本架構

去瞭解馬克思主義就須將馬克思的貢獻從這幾方面去探索。在馬克思的時代，統計學還沒有發展成熟，所以他對此並無著墨。至於馬克思的歷史知識，熊彼德則認為非常豐富，而且已將之配合於他的經濟理論之中。因此，他在 1942 年出版的《資本主義》一書中就將馬克思主義分為二個部門來分析：一為討論經濟機制（economic mechanism），也就是他的經濟理論，另一為討論經濟制度（economic institution），也就是他的經濟社會學。這可以說是對馬克思主義的一種嶄新的詮釋，是熊氏在這方面的貢獻。現在就讓我們看看他是如何從事這一工作。

馬克思的社會學見解

先可從馬克思的社會學的見解說起。熊彼德對他在這方面的貢獻非常欽佩，尤其是他的經濟史對與階級理論，雖然他並不表示完全同意。在經濟史觀中，馬克思提出二個基本命題：一為生產方式有它們自己產生的理由，一為生產方式可以決定社會結構、社會態度等等。（注 2）熊氏深為這種理論所感動，他在 1941 年為波士

頓著名的魯威爾學社所作的一系列講演題目就採此為名
而稱為「我們時代的經濟詮釋」，這在過去曾經提到。
但是，他並不接受馬克思的經濟決定社會結構與社會態
度的論斷。熊氏認為正如經濟可以影響社會結構，社會
結構也可以影響經濟。換言之，它們是相互影響，互為
因果的。其所以如此，基本上是由於社會結構與社會態
度一旦形成之後是會繼續存在下去的，並不是瞬刻即逝
的。

　　馬克思還進一步提出社會發展的歷史是一部階級鬥
爭的歷史。他將社會階級從經濟基礎上加以劃分，這一
經濟基礎就是資本的所有權，凡保有資本的為資本家，
是資產階級；凡不保有資本的則為工人，是無產階級。
社會中的人不是屬於前者，就是屬於後者。除了這二者
外，其他階級如手藝工人、各種行業人員、自由職業者
等等都不會長期存在的。但這二個階級卻永遠是處於敵
對地位，儘管在每一階級的內部是保持和諧的。

　　熊彼德認為馬氏之所以提出這種理論，就是想要由
而發展出一個他預擬的結論：一個沒有階級的社會主
義。由於二者之存在必會發生衝突，馬克思就想消除其

中之一，這樣當社會主義國家成立時，保有資本的階級由於資產已沒收，自然也就不存在了，結果所剩下來的就只是沒有財產的階級，這一階級馬克思稱之為工人。只有這種社會階級的理論才能產生馬克思所企求的社會，也只有這種景象才能說明馬克思理論的確當性。

馬克思的經濟學見解

　　接著我們可以看看熊氏是如何詮釋馬克思的經濟學方面的見解。儘管熊氏對馬克思的歷史分析不能苟同，但他認為馬氏之成為一位經濟學家仍有其建樹，雖然這些建樹也是錯誤的。無疑的，馬氏對於他那時代經濟學的著作有相當研究。他對於李嘉圖特別崇敬，認為李氏是古典政治經濟學的一位偉大的代表人物。（注3）他特別推崇李氏的勞動價值論，認為一物之價值是與其所賴以製成的社會所需的勞動成比例的，勞動數量愈多，價值就愈大。但在熊彼德看來，馬克思大部分經濟分析之所以失敗就是肇源於李嘉圖這種理論的缺陷。

　　馬克思需有一剝削理論來說明社會中之所以有剝削是由於社會經濟之正常運作所使然，不是由於人性的惡

劣、政治的敗壞，或者工人所處境遇的脆弱。那麼，他又如何能有這樣一種理論來完成這種任務呢？這就是將李氏的這種勞動價值學說作為分析的基礎。他認為貨物之所以有價值完全是由於其中蘊含著勞動的關係，也就是說其價值是由勞動所創造的，勞動數量愈多，價值就愈大。並認為這種勞動數量不但反映於從事一物之製造的直接勞動上，而且也隱含於製造時使用的各種機器設備之中，因為後者也是過去勞動所製成的。對於這種勞動就可視為從事該物之製造所費的間接勞動。

　　貨物價值的大小固決定於其所蘊含之勞動的數量，但勞動本身的價值，其所得的工資則並不是其所創之價值的全部。馬克思認為勞動者所得的工資是決定於為使其能維持生命所需支付的最低費用。例如，假定一個工人每天只要工作八小時就可以生產出足以供其維生的貨物，那麼，工資的數量就照購取這些貨物所需的費用而支付。可是資本家卻要他每天工作十二小時，這多出的四小時工作所創造的價值就由資本家所獲。對於這一部分的價值，馬克思稱之為剩餘價值（surplus value），它就成為資本家所獲之利潤的源泉。所以，他認為利潤是

由資本家剝削勞動者而來的。既然如此，則一物的價值如以貨幣表達也就由三部分組成：一為直接勞動的成本（工資），馬氏稱之為可變資本（variable capital）；二為間接勞動的成本（各種機器設備的費用），他稱之為不變資本（constant capital）；三為剩餘價值。

那麼，資本家怎能這樣做？非常簡單，這就是由於他掌握了生產工具，而成為勞動者之工作機會的提供者。勞動者又何以願意接受？也非常簡單，因為這是他求生的唯一途徑。這就是為什麼馬克思要稱前者為資產階級，後者為無產階級的原因。

資本家由於有了這種剩餘價值之可得，乃能於將其中一部分供自己消費以度其豪華生活外，仍有餘力從事更多生產工具的購置與生產技術的刷新（這就所謂資本累積），期能由而製造更多的更好的產品，以獲取更多的利潤。但這樣一來，勞動者的工作不斷為機器所代替，失業的人數就日益增加，而產生了所謂「失業後備軍」。在這種情形之下，工資自然會日益減底，工人的處境自然會日益貧困。

透過生產技術的創新，資本家固可增加自己的利

潤，但這是短暫的，從長期觀點看來，資本家所獲得的利潤率必會下降。因為所謂利潤率在馬克思看來無非是剩餘價值（以 S 來表示）與所用資本之間的比率；而所謂資本，則如上所述，他又將之分為可變資本（以 V 表示之）與不變資本（以 C 表示之）。因此，所謂利潤率也就是 $S/(C+V)$。在長期間隨著經濟發展，各產業所用之不變資本增加，這樣如果實質工資不變，而剩餘價值又不能增加，則利潤率 $S/(C+V)$ 勢必下降。在這種情形之下，第一，許多小資本家就可能支持不住而告破產，這樣一方面就增加了社會中失業的人數，另一方面就促成產業的集中化，使壟斷組織得以形成。第二，資本家所獲之利潤既在減少，則其必會增強對勞動者的剝削，使其能產生更多剩餘價值，以圖掙扎。這樣勞動的工資又告下降，其生活困境自更惡化。第三，由於資本累積增加，整個社會的生產能力已大為增加，但又由於小資本家的破產與勞動者工資的減少，一般大眾之購買力自然減少。於是社會中總合供給就大於總合需要，經濟衰退與蕭條乃不可避免。

　　以上這三種情形同時發生，自然就會加深勞資雙方

的矛盾而使階級鬥爭激烈化。最後由於社會中「失業後備軍」的陣營日益壯大，勞動者聲勢日益強烈，而終於獲致勝利。整個資本主義也就這樣步上崩潰的道途，接著而來的是一個社會主義的新時代。所以，在馬克思看來，資本主義一旦發展成熟，必將發生無產階級革命，而歸於毀滅。這就正像熟透了的蘋果會從樹上掉下來一樣的必然。

　　以上是馬克思對資本主義之分析的要點，熊彼德認為馬氏所運用的這種勞動價值論是不能成立的。在馬克思的時代，社會中流行著許多以維持工人生計為基礎而形成的工資理論，熊氏則接受其他與馬克思所持的不同理論，因為熊彼德認為工人不是經過理性的成本計算而提供他的勞動的。但馬克思則不願接受其他理論，因為他所需的是一種能說明資本主義制度會在不知不覺之中剝削工人的理論。

　　更使他不解的是，馬克思理論對於下列情況不能加以解釋：這就是這時廠商既然在獲利，那麼何以不擴展其生產以獲取更多利潤？只要生產擴展了，就會增加對工人的需要而引起工資上漲。在這種情形之下，利潤就

會日益減少，最後必會達於零的均衡局面。這在馬克思看來是不可能的，因為他認為資本主義是經常在變動，絕不會到達這種利潤等於零的均衡局面。

一般地說，熊彼德認為馬克思這種分析相當精闢，但他認為工人的境遇卻會隨資本主義之發展而惡化則非事實。他同意馬克思之資本主義必會淪亡的預測，但不同意馬克思所提出的理由。

儘管馬克思的經濟學識有了這些缺陷，熊彼德認為馬克思之能提出一種關於經濟演變的純絆理論，已足以彌補這些缺陷而有餘。與華爾拉的靜態理論相反，他創立一種動態理論，說明經濟變化完全是由經濟機體本身所激發出來的。熊彼德認為馬克思是第一位提出這樣一種理論的學者。這種理論甚至到今天還有許多學人在努力提供資料，以使其更臻完善，俾能對於未來的演化能有適切的推測。

以上是熊彼德對馬克思之經濟學與社會學二方面思想的探討。在他從事這種探討的過程中，他曾不斷指出馬克思沒有將經濟學與社會學這兩種學科結合得妥切，成為一個綜合的整體，而彼此又不完全消失其獨立性。

不待言，在社會科學中要從事這種綜合工作是非常困難的，但熊彼德認為這絕不能將其中之經濟學、社會學與歷史等等的見解都放在一堆，就認為業已竣工。熊彼德認為馬克思所提的就正是如此，同時他認為馬克思所以能為許多人所擁戴也正在於此，因為這樣正能滿足一般人對一般問題之需有簡單答案的企求。所以，他認為馬克思主義實是一種宗教，而馬克思自己則為教主。（注4）這種宗教對於它的篤信者，第一，提供一套說明人生意義以及判斷事物與行動的絕對標準的理想體系；第二，指出達成這套理想體系的方策以及未來到達之天堂的遠見。熊彼德認為馬克思主義就是具有這種宗教成分乃使它能獲得不斷的成功。

二、資本主義能繼續存在嗎？

　　熊彼德在將馬克思的分析說明了以後，接著就進入他所要討論的「資本主義能繼續存在嗎？」這一主題。這也是引起紛議最多的一個課題。現在就讓我們將他對於此題的論斷略加敘述。

當他一進入此題之討論時，他就如此自問自答地說：「資本主義能繼續存在嗎？不，我不認爲它能夠。」接著他還進一步地說出他的理由：「我要建立的理論是如此，資本主義體制之實際的與預期的操作是足以否定它會因經濟失敗而毀滅的論調，但正就是它在經濟操作上的這種成功，摧毀了一些保護它之存在的社會制度，『無可避免地』創造了一些條件，使它不能生存下去，並強烈地顯示社會主義是它的繼承者。」（注5）所以，他對資本主義之前途的看法可分爲二段：第一，如純粹從經濟的觀點來看，它是可以繼續存在下去的，但是，第二，如從它的社會制度來看，它是無法繼續存在下去的。現在我們先看看他如何認爲它在經濟操作方面是成功的。

（一）從經濟觀點論

他認爲以全部產出論，資本主義在 1870 年到 1930 年間每年的平均成長率是 3.7％，是非常燦爛的。如果這種成績能繼續保持五十年，那麼到了那時，今天一般認爲是貧窮的現象就可絕跡。（注6）同時他還認爲，

目前還沒有任何跡象可以推斷資本主義是將衰落的，不論是從人口、技術與投資機會等等方面來看都沒有這種態勢。

　　爲了說明資本主義之經濟方面的潛力宏大，他還特別指出一般認爲完全競爭是資本主義成功關鍵的這種說法是錯誤的。實際上，完全競爭從來沒有存在過。（注7）如果完全競爭的市場眞的存在過，那麼現在的經濟景況就完全不同了。一般認爲完全競爭廠商可以在完全均衡的靜止狀態下擴展其生產而達於最大的極限。這根本是沒有根據的，因爲經濟社會永遠是在演變中，其中新的廠商建立了，舊的廠商破落了，新的技術引進了，舊的技術淘汰了。對於這種情形，他提出一個「創造性的毀壞」（Creative Destruction）的概念來描述。他的意思是說，資本主義的內部蘊藏著一股力量使其經濟結構不斷地改變，舊的是摧毀了，但新的也由而創建了。這一「創造性的毀壞」的過程是資本主義之最主要的特性，是資本主義之實際情況的素描，也是每一資本主義的廠商必須經常面對的景象。（注8）

　　在熊彼德看來，壟斷措施對於經濟社會可以發揮積

極功能。這有幾個原因：例如只有壟斷性的公司能從事大量的投資去製造新的產品，如汽車，只有大公司能承擔許多風險，只有大公司能吸收更爲優秀的人才等等。這就是後來一般所謂的「熊彼德假設」（Schumpeterian Hypothesis）。這一假設實際上包含二個命題：（1）在壟斷性的產業中創新的出現，要比競爭性的產業中頻繁；（2）大廠商所賦有的創新力要比小廠商所賦有的強大。從第一個命題中還可分成幾個更爲明確的假設，例如一個賦有壟斷力量的廠商較能阻止模仿，一個能獲壟斷性利潤的廠商較能有資財從事研究與發展。從第二個命題中也可以引申出大廠商要比小廠商更有能力從事更多的研究與發展，同時大廠商也比小廠商更能發掘新的創新機會。

（二）從社會制度論

從以上之所述中，可知資本主義在經濟上是成功的。既然如此，何以最後又會淪亡呢？這在熊彼德看來就是由於它的成功使它在制度方面發生一些變化而種下了禍根。他對此提出三個主要的論據：

（1）企業家功能的廢棄：在熊氏看來，企業家的功
　　能與全部產出密切相關，經濟的成就是以一年
　　中全部產出數量來衡量的。如果人們有一天各
　　種欲望都滿足了，或者技術不能更加進步了，
　　那麼整個經濟社會就會處於一個靜止的停滯狀
　　態。在這種社會中，利潤以及隨利潤而產生的
　　利息都會變爲零，這樣寄生於利潤與利息以維
　　持舒適生活的資產階級也就會自趨消逝。這時
　　對於工商業的處理已不需要特別的才能，只要
　　獲有管理才能的人稍加留意就可以了。在這種
　　情況之下，社會主義大概就會自動地進來取代
　　資本主義，企業家的功能就會式微，人類的精
　　力就不必再消耗於企業的途徑，而可從事其他
　　非經濟的活動。其次，就是一般人的欲望仍未
　　完全滿足，將來經濟事業仍有發展的餘地，企
　　業家的功能還是會由另一途徑而趨於廢棄，這
　　就是進步的本身可能也會像工商業的管理那樣
　　的機械化、自動化，而不需企業家去推動。
　　（注 9）由此我們當可這樣說，「資本主義企業

由於它自己的成功使進步自動化，這就使它自己成為無用的累贅。」（注10）

（2）**維護階層的摧毀**：熊彼德認為資產階級是一群理性的非英雄式的人物，對於政府中的工作不感興趣，而須有其他社會階層在政治上予以保護。但他們在建立資本主義過程中，卻將一些非資產階級的人物如地主、手藝工人與農人都剷除殆盡，這不但掃除了其日後發展的障礙，而且還將阻止其日後崩潰的支柱也給拔除了。從此就喪失了它在政治上的維護伴侶，是非常不幸的。（注11）

（3）**資本主義社會之制度結構的毀壞**：在資本主義發展過程中也破壞了自己的制度。現可以其中最主要的二種制度做為例證。第一是財產制度，過去資本主義社會是以財產神聖為最高準則的，現在則改變了。一般大公司除了極少數是由一個家庭全部所有的外，差不多都是由許多人集資經營的。這樣每個人在公司中所佔的利益就屬有限，此一公司的成就對於每個人的

影響自然也就極其微小，每個人對公司的關懷自然也不會很大，因而也就不會用盡全力去維護了。財產的觀念顯然不若過去之視若神聖不可侵犯的了。第二是自由契約制度，其情形亦相差不多。我們知道，所謂自由契約乃含有任由個人於無數的機會中自由抉擇的意思，但今天的契約是由一個集團與另一個集團從事協商而簽訂的。這樣個人的自由已受到限制，已無過去那類自由契約之精神了。

由此可見，由於資本主義發展的結果，已將這些用來表達「私有」意義的制度摧毀殆盡，其中縱然仍有些「殘餘」保留下來，但其內容與性質顯然都已改變。例如現代公司中雖然每個人都可以其所佔的股份來顯示其與公司的關係，這在表面上自仍保有私有產財的權利，可是實質上此種所謂私產顯然是消失其原有的活力，人們已再不會為這種私產而拚命到底了。這對於資本主義，可以說是一種致命的打擊。

除了以上三種情形外，熊彼德還認為另有一項重要

的發展對於資本主義之前途的影響也很重大，這就是在
資本主義之下知識分子之數量的增多與其品質的提升。
他認為知識份子生來就是不滿現狀的，但他們卻有能
力、有智慧將社會中其他與他們有同感的人號召起來、
組織起來，而提出各種訴求。現代各國的工人運動就是
由他們的主使而日益澎湃的。社會中有了這些份子，自
然很難長時保持穩定的了。（注 12）

由此可見，熊氏認為資本主義是會在輝煌的成就中
結束它的生命。那麼這種情形何時會到達呢？對於這一
問題，他的答案就不是簡捷的了。他認為儘管今天反資
本主義的聲勢不弱，但「企業仍很活躍，資產階級的領
導仍是經濟歷程中的主力。」因此，「就短期預測論，
……所有這一切可能要比逐漸演變成為另一種文明的趨
勢更為重要。」而就這類問題論，「一個世紀還是短
期。」（注 13）

三、社會主義與民主政治

一般來說，熊彼德於《資本主義》一書中對於現代

社會之演變提出三個論斷：一為資本主義會在其輝煌的成就中消逝；二為社會主義會繼之而美滿地運作下去；三為民主政治仍會在社會主義中照常推行。對於第一個論斷，我們在上節已加說明。現在就對他所提的另二個論斷也加以敘述。馬克思對於後二個論斷則完全沒有提出具體意見。

（一）社會主義能夠確實推行

先以社會主義來論，他在該書中亦簡明地自問自答地說：「社會主義能夠確實推行嗎？它當然能夠。」（注 14）只要我們假定：第一，工業發展已到了一個成熟的階段。第二，過渡時期所發生的問題都能妥善地解決。那麼，社會主義的推行就沒有什麼疑慮了。

在沒有進而對此論斷加以發揮以前，我想應該先說明何謂社會主義。對此一問題歷來有許多解釋，熊氏則認為所謂社會主義應該是這樣一種制度，其中對於生產手段與生產過程的控制是由一個中央集權的機構來執行的。換句話說，在這種社會中經濟事務是屬於社會全體的，不屬於個人的。他雖不是社會主義者，但他與他們

一樣，也很重視經濟的因素。不過，他要聲明，這不是說除了經濟問題外社會主義就不再有其他事物須待追求的了。老實說，社會主義應該是一個嶄新的文化世界，至於這種新文化究竟是怎樣的內容，則尚不敢斷。

在這樣中央集權的經濟體制中，主持經濟事務的中央管制局（Central Board）或生產部（Ministry of Production）是否能夠勝任愉快呢？熊彼德認為是能夠的。當時許多人對此都頗疑慮，其中最著名的是米塞斯。他認為合理的經濟行為必須先有合理的成本計算為根據，因此必須先知各種構成成本之生產要素的價格，而價格則又須有市場去加以決定。現在社會主義體制中，這種市場是不存在的。因此，他認為合理的生產就失卻了明確的引導，這是很危險的。熊氏認為事實上則非如此，現可看看他如何解釋。

為簡便起見，他假定現有的生產手段數量不變，中央管制局此時就可依據政府決定的政策對於其控制的物資加以分配。現在再假定中央管制局對於各工業部門所需的物資願依據下列三個原則加以分配：第一，他們務須以最經濟的方式去生產。第二，中央管制局可以自定

「價格」出售各種生產貨物與勞務 。第三，廠方務須將此種生產手段經濟利用，使其所製成的產品能以不比其向中央管制局購進生產手段時所費的為多。換言之，就是各部門的生產務須使其成品的「價格」能等於邊際成本。在這種情形之下，各生產部門就可如在資本主義之完全競爭狀況下那樣決定其所需生產的貨物，所須採取的生產方法，以及所需向中央管制局購置生產階段的數量。（注15）

　　當然在這裡對於生產財貨「價格」是由中央管制局片面決定的，這與一般消費財貨「價格」的決定自不相同。中央管制局如何決定這種「價格」呢？其原則至為明顯，這就是它務須以「嘗試與改正」的方法決定這樣一套價格，在此種價格下，所有製成的財貨都須能全部賣出。這所謂完全賣出自含有二層意義：一方面要做到手中沒有剩餘的存貨，而另一方面則還要做到使市場上再無新的需要發生。在這種原則之下，自可保證成本會計趨於合理化，同時當然亦可隨而使生產資源的分配趨於合理化，最後必可使社會主義社會中的生產計畫趨於合理化。（注16）

　　以上所述的是在社會主義之下生產問題如何處理。由而我們自可知其基本原則與資本主義之下是一致的，並無差異。那麼，生產的成果又如何分配給社會大眾享受呢？這裡就與資本主義之下不同了。我們知道，在資本主義之下，各人之所得是與他在生產過程中的貢獻不可分的，貢獻愈大，所得就愈多。簡單地說，這時的分配要決定於各人的生產力，所以分配的多寡就決定於生產過程。但在社會主義之下，由於生產的成果都已由政府所掌握，它就可以自行決定原則去加以分配。它可以採取完全平均的原則去分配，也可以採取不完全平均的原則去處理，所以是與各人在生產過程中所貢獻的多寡沒有關聯的。簡單地說，在社會主義之下，分配是一種政治的決定，而在資本主義之下，分配則為一種經濟的決定，這是二者之基本差異之所在。

　　接著他就說明他認為社會主義要比資本主義優良，這可從幾方面來解釋：第一，在社會主義之下浪費就可以減少。這是因為這時生產已有一定的計畫，人力與物資的配置都有一定的程序，結果經濟效率與社會所能享受之福利必可大增。反觀資本主義則生產並無全盤計

畫，有時生產過剩，有時則不足，以致經濟景氣循環不時發生，而貽社會以無窮禍患。

第二，在社會主義之下失業會減少。這一方面是由於如上所述，社會主義的生產是計畫的生產，經濟不景氣已不會發生，這樣社會中的失業大眾當可減少。在另一方面，有時由於技術改進也許會使一部分人淪於失業，這種情形在社會主義之下亦可減少，乃至避免，因為這時中央管制局可將這些失業的人員調配到其他部門，而同時對於技術改進所需之新的人才亦可加速予以培養。

第三，更重要的是在社會主義之下，公私的矛盾與衝突已不存在，這樣就可集中力量以謀社會的進步。我們知道，在資本主義之下，私人活動的範圍甚大，而另一方面政府為防止私人活動過分膨脹，以致影響社會其他人士之福利，亦有起而干涉之舉。於是公私雙方矛盾日深，衝突益烈，影響社會經濟至深且鉅。反之，在社會主義之下此種衝突就不再存在，因為經濟活動完全屬於公家的任務，私人只能在政府管制與指導之下工作，公私之間並無矛盾，是一致的。

　　社會主義既有這些優點，那麼又何不即求其實現呢？這就是由於從資本主義之轉而爲社會主義須經歷一個過渡時期，在這一期間會遭遇一些如何促致社會化的問題。如果資本主義的發展已達成熟時期，社會化問題的處理就比較順利，如果尚未達成熟時期則比較困難。這裡牽涉到的問題頗多，現在不擬討論。這樣對於熊彼德之認爲社會主義可以繼資本主義之後而美滿地進行的論斷就可到此結束。接著我們可以討論他又如何認爲在社會主義之下民主政治仍能推行。

（二）民主政治仍推行

　　要分析這一問題，我想先須明瞭民主政治的意義。對於這一點，熊彼德有他獨特的見識，他認爲民主政治是一種政治方法（political method），也就是一種爲求獲取政治統治的領導而創立的制度，其本身並不是一個目的，不論其所產生的是怎樣一種統治。

　　歷來對於民主政治的解釋有一種經典的理論，這種理論到十八世紀即由政治哲學家給予具體化而形成一個如下的定義：民主方法是這樣一種用來達到政治統治的

制度，人民以選舉的方法選出一群人員，負責推行他們共同的意志，以求得共同的福利。（注17）最近二百多年來，一般人都相當接受這個定義，但詳細分析起來，所謂共同福利（common good）在各人利害極不一致的社會中顯然是很難成立的。至於人民意志（people's will）亦顯然不能求得一致的表達，每個人對於每個問題不一定都有肯定、合理的意見，而那些由其選出的代議士也不見得都能依照他們的意見去做。因此，熊氏覺得有將此一定義加以修正的必要。根據上述的經典的定義，代議士的選舉是次要的，主要的政治問題是由選民自行決定的。現在我們不妨將此二個程序顛倒過來，將代議士的選舉置於政治問題裁決之前。換言之，人民的任務乃在產生一個政府，或者產生一個中間機構，再由此產生一個政府，這樣我們就可將民主政治作如此解釋：民主方法是這樣一種制度，在這種制度中每個人都可以爭取選票的方法求得權力，以便處理政治事務。所以簡單的說，所謂民主政治不過是一種政治領導權的競爭（competition for political leadership）。（注18）

　　從上一句話中，我們可以明瞭熊氏之民主政治理論

的眞諦。在他看來，在民主政治中，政治人物之所以要爭取選票，就正如商人之所以要爭取金錢，都是爲了自己的利益，並不爲他人。這種理論可以說就是今天的所謂公共選擇理論（theory of public choice）的濫觴。熊彼德也可視爲這一學派的創始者之一。

對於民主政治有了這種認識以後，我們自可進而討論社會主義之與民主政治的關係。在熊彼德看來，二者是可以並存的，儘管民主政治是肇始於資本主義，但這不是說它也會隨資本主義之消逝而消逝。他認爲選舉、政黨、國會、內閣與國務總理等等，仍可能是社會主義制度下從事推行民主政治的最方便的工具。（注19）不過，他認爲要在社會主義之下實現民主政治是有條件的，這就是這一社會之經濟發展已到達了成熟的階段，不然是辦不到的。

那麼，這種社會主義的民主政治又如何運行呢？不待言，首先自須有選舉制度以便多個政黨從事競爭。在競選之後所產生的政府中，除了設置處理一般政務的部會外，自須有一個專門負責處理經濟事務的生產部。政府對於諸如投資數量等問題作了決定以後，就可交由生

產部擬訂具體計畫。但在熊氏的意想中，這一個生產部對於整個經濟的處理並不享有無限的權力。因為第一，在政府中還有一監督的機構可對其決定加以否決。其次，生產部本身也僅僅是一個政治機構，對於社會中各個經濟組織的實際操作並不能予以干預。生產部可以對這些實際推行工作的產業管理局或經理人員加以控制與協調，但對於他們各自業務的推行則不能干預，而應給他們完全的自由。（注 20）在各個工廠中經理必須賦有全權處理廠內事物，內部人員必須聽命於他。所謂「產業民主」（industrial democracy），他認為是一種荒謬的概念。社會主義之最大的優點，就是對於工人所要求的紀律要比資本主義之下嚴峻得多。（注 21）

　　熊彼得深信，在社會主義的民主政治制度之下，整個經濟能以最有效率的方式來管理。他強調在社會主義社會中，不同的經濟利益集團之間的衝突是不可避免的，但他相信對於這些衝突的處理比資本主義社會中容易。不過，他認為社會主義民主政治之推行也有其特殊的困難，這就是由於其中的權力非常集中的緣故。他感覺到，在這種社會主義社會中，一旦發生政治危機，則

政治人物很難能控制擴權的誘惑，果爾，則所謂民主政治也就終結了。所以，他認為社會主義的民主政治最後之成為一個騙局，要比資本主義的民主政治更有可能。（注 22）

以上是熊彼德對於社會主義與民主政治之發展的二個論斷。

四、資本主義仍在運行

上面我們已將馬克思與熊彼德二人對於現代社會演化的歸趨說明了。二人都認為資本主義是會被社會主義所替代的。現在馬克思已於 1883 年逝世，熊彼德亦已於 1950 年終結他的生命。那麼，資本主義是否已為社會主義所替代呢？答案顯然是否定的，以馬克思的論據說，他的主張曾於 1917 年在俄羅斯建立了蘇聯而開始實行，後來於 1949 年又在中國大陸推進。經過一段相當長的時間後，蘇聯已於 1991 年瓦解，俄羅斯則恢復資本主義的推行。中國大陸則於 1979 年從事改革開放，逐漸承認私有財產，實行「社會主義的市場經

濟」，可見馬克思的預言是落空了。再以熊彼德的論據說，上述那種俄國式的以革命手段所建立的社會主義自然不是他所憧憬的，從資本主義發展成熟而自然產生的社會主義。 1945 年當二次世界大戰接近尾聲時，英國經大選而產生的工黨政府所要推行的體制也許是熊氏心目中的這種社會主義，但是，就是這種社會主義的壽命亦極短促，到 1950 年代初期就已逐漸消失其生氣。其他各國的社會主義政黨亦時有建樹，但就大勢論，資本主義則仍在世界主要國家中盛行。所以，就此意義論，熊彼德的論斷亦沒有成為事實。

不過，就熊彼德論，對於這種發展恐怕不會感到意外。因為他儘管認為，「一個社會主義形態的社會將不可避免會隨著資本主義之同樣不可避免地解體中出現。」他對於這一推斷之實現的信念則沒有馬克思那樣的堅強。馬克思認為資本主義之必定崩潰就還像爛熟了的蘋果會從樹上掉下來那樣的肯定，熊氏則不然。他說，「對於社會演變的預測，其中關係重大的不是預測的結論，而是它所依據的事實與論據。在這種結論中，只有這些事實與論據是科學的，其餘都不過推測而已。

任何一種分析，不論是經濟的還是其他的，都只是對目前可以觀察之事態發展的趨勢的說明而已。它只能告訴我們，如果這些事態在我們觀察的期內繼續這樣發展下去，同時也沒有其他因素的干擾，那麼就可能會發生這種後果，但絕不能告訴我們一定會發生這種後果。所謂『不可避免』或者『必定』都只能表示這種意義而已。」（注24）

到了1949年，在他畢生最後一篇論文「朝向社會主義邁進」（The March into Socialism）中又如此說：「我不倡導社會主義，我也無意從任何角度來討論它的優劣問題。但重要的是，我要說清楚，我不預測社會主義，任何預測都是超越科學的，因為它要想達成的是超過了對於可以體察之趨勢的診斷，然後據而說明，如果這些趨勢依照它們內在邏輯發展下去就可產生何種後果。這種言詞的本身並不構成預斷（prognosis）或預測（prediction），因為有些在觀察範圍之外的因素可能會阻止這種後果的發生。同時，社會現象也不像天文學家所面對的情況那樣的可以捉摸，就是這些可察的趨勢自然地發展下去也可能會發生一種以上的後果。最後，這些

可察的**趨勢**也可能會遇到阻力，使它們不能順暢地發展下去，而會停留於一個半途的驛站（halfway house）。」（注25）

同時他在另一篇論文中又說：「以這種**趨勢論**，其間可能會出現一些過渡狀態，這些狀態與原始資本主義（intact capitalism）的經濟與文化形象固都大不相同，但要成為完全的社會主義則不知還要經歷多少時間。」（注26）由此可見，熊氏的態度是很審慎的，其所以致此，不待言，是由於他認為這是科學家所應持的態度，而他自己就僅僅是一經濟科學家而已。另一方面，馬克思之所以採不同的態度，是由於他不僅僅要做一個科學家，而且還要進而成為一位革命家。科學家所要追尋的是事實真相，只要能「瞭解世界」就已完成任務。革命家則不以此為已足，而要進一步「改造世界」。

不過，現在距離他當初所追尋到的事實真相而推出的對資本主義未來發展的判斷已有六十年了，資本主義卻未衰落，而仍在穩步地運行。也許六十年的時間就整個社會經濟制度的演變還不夠長，誠如他說，「對於這類問題，一個世紀還是短期」。（注27）現在固未成為

事實，但不能說將來不會成為事實。不過，儘管如此，六十年的時間畢竟也不能算短了，因此我們還是可以問他這種推斷何以迄未能得到正面的驗證。要解答這一問題，我想最好還是引熊氏自己的話。我在上面不是說他認為社會現象非常不可捉摸，同樣的發展趨勢可以產生一種以上的後果嗎？既然如此，則上述問題的答案豈不是非常明白的了嗎？簡單地說，這就是由於事實的發展並不如他當初所想像的那樣，可以產生他認為可以產生的那種後果。那麼，他當初又如何判斷資本主義會步上毀滅的道途呢？這在本章第二節中已經提過，現可再略加說明。

為何資本主義仍未衰落？

他首先指出它的毀滅不是由於經濟上的失敗，而是由於經濟上的成功。正由於它在經濟上的成功乃在社會與文化上造成了一些不利其繼續生存的情況。這些情況約有下列幾方面：企業家功能的逐漸廢棄，由前資本主義時期各種社會份子對資本主義所構成的保護階層的摧毀，個人財產所有制之形態的變異，以及由知識份子所

掀起之對資本主義社會制度與文化的敵對氣氛的增漲。
現在我們可以根據最近六十年來事實的發展對熊氏所提
出的這些足以促致資本主義崩潰的情況分別加以論述，
由而也許可找到何以他的論斷尚未成為事實的根源。

1.企業家功能的逐漸廢棄

在熊氏看來，資本主義之所以能夠向前發展，其基
本的動力乃來自生產方法之不斷的改進與生產組織之連
續的改善，這也就是所謂創新。肩負這種任務的人是企
業家，由於他們不斷地努力，乃使資本主義得以飛躍地
進步。但是，也就在這種進步中，企業家所發揮之功能
的重要性日益減退，今後且還會加速地減退。何以致此
呢？這一方面是因為今天對於一般不照常規推行的事務
是要比過去容易處理多了，這也就是創新本身就已成為
一例行的活動了。技術進步已日益成為一群受過訓練的
專家協同處理的工作，他們已能按既定計畫製出所需的
物品。同時，在另一方面，在一個對於經濟變化已感非
常習慣的社會裡，個人的性格與意志所能發生的作用是
很微弱的。例如今天各種新的物品的出現，不論是供消

費用的，還是供生產用的，都已習以爲常。因此，一般人顯然不會因其爲「新」而要加以反對。這樣經濟進步就不要人去推動而會自動地出現了，團隊的工作就可代替了個人的行動。這時企業家就正如居於一個永久和平的社會中的將軍一樣，會感到英雄無用武之地了。在這種社會中，利潤以及隨之而產生的利息就都會變爲零。這樣一向寄生於利潤與利息的資產階級當然也會自趨滅亡。這時對於工商業的管理就成爲日常的行政工作，主持人員也就不可避免地染上了一般官僚的習性。在這種情況下，社會主義大概就會自動地進來取資本主義而代之。（注28）

對於熊氏的這種看法，許多經濟學家都不能苟同。他們認爲企業家活動的空間並未減少，特別是小規模的經營更少不了企業家才華的發揮。因爲任何一項創新之推行，時機之掌握關係極爲重大，而能否掌握時機則須取決於推動者的性格與智慧，非他人所可代庖。所以創新活動基本上是無現成程式可以遵循的，是不會成爲一項例行活動的。但這還不是對他的主要批評。事實上，最近五六十年來創新活動一直非常蓬勃，不論是技術方

面、市場方面還是產業組織方面都有優異的成績。這種
情勢的造成主要的就須歸功於大型公司之卓越的操作，
而大公司之所以能有此表現自然是由其仍能發揮創新功
能。由此可見，企業家的功能實未衰落，只是過去這種
功能是完全任憑企業家個人去發揮，現在則可通過大公
司中之經營當局之籌思而集體地發揮了。對於這一點熊
氏後來也是同意的，下章將有說明。

2.維護階層的消失與基礎體制的毀壞

　　熊氏認為在資本主義發展過程中將過去封建社會中
的貴族、士紳、小商人、手工藝人、農民等等都摧毀
了。這在經濟上固然掃除了許多障礙，但在政治上則消
失了支持的伴侶。他認為資產階級不善於國事之處理，
需有非資產階級出身之人士的協助。同時，大企業成長
以後，也將一些真正表達私人經濟活動之真諦的基礎制
度破壞了。例如個人財產所有制是個人經濟活動的基本
憑藉。自從股份有限公司興起以後，工廠中的房屋與機
器設備等等實質的財產就以一捆股票來代表，這無異是
將「財產觀念的生命都掩息了」。（注29）

　　從過去五六十年來的事實中，我們可以看出熊氏以上二點意見是不正確的。資產階級對於國事的處理並不缺乏能力。同時封建社會所遺留下來的幫手固然是消失了，但卻有新興的技術官僚（technocrat）的出現以為替代。在這群技術官僚中，有的是技術專家，也有的是經理人員。現代大企業名義上是屬於持有股票的股東，但其運作實際上都掌握這群人手中。他們的決策與行動對於整個經濟會產生重大影響，已儼然成為新興的統治階級。如果原來的統治階級是以財產為決定其成員的標準，那麼這一新興的統治階級就是以知識與才幹為判定的準繩。不過，儘管如此，二者的區分亦並不如此絕對。實際上，就是技術官僚也仍持有公司股票，他們也是公司的主人之一。就所持之意識形態論，二者是一致的。既然如此，他們在政治立場上自然也就成為至誠的伴侶了。這從現代西方各國之實際政治中已可得到明證。其中許多主持國家大事的就是技術官僚出身的。

　　從上述的事實中我們還可看出私有財產之改以股份來表達亦沒有減少其私有的性質。一般人並沒有因為他只持有股票而減少對於持有財產的體認。在另一方面，

主持公司之董事與技術官僚於從事經營時，也完全瞭解他們所運用的是私有財產。其中有一部分固不屬於自己，但他們在生產過程中仍可像是自己的那樣去處裡。他們有全權決定如何將之運用，同時對於所獲成果也可全權加以分配。所以這種持有形態的改變絲毫沒有對「財產觀念的生命」有所損傷。

3.知識份子的煽動

我們知道，任何一個社會都會發生一些不合理的現象，都會產生一些對現況不滿的情緒。如果對於這些不滿的情緒沒有人將之煽動起來，組織起來，是不會對社會產生對抗力量的。但在資本主義社會中，熊氏認為它「與其他社會制度不同，基於它本身文明之內在邏輯是一定會製造出、教育出、輔養出一群不怕社會動亂的人物。」這種人物就是知識份子。「這些份子不是像農民或者產業勞動者那樣成為一個社會階級。他們來自社會的各個角落。他們從事的活動大部分不是在互相紛爭，就是在為其他階級爭取利益，成為他們的先鋒。」（注30）。例如，「他們侵入勞工運動，提供他們理論與口

號，使他們的態度激烈化。這樣儘管他們沒有創造勞工運動，他們卻使勞工運動之原來的面貌改變了。」（注31）資本主義的基礎也就因而被毀壞而終趨於崩潰。

但是，知識份子的力量真有這樣大嗎？許多學人就很感懷疑。實際上，知識份子誠如他們所說來自社會各個角落，成員非常複雜，有的政治態度非常激烈，有的則非常保守，有的則對國事漠不關心。而且這種態度也常有變動。一般地說，如果社會經濟狀況良好，主張激烈的人士就較少，反之則較多。所以，不是知識份子使勞工運動或其他運動激烈化，相反的，是社會經濟情況的惡化使知識份子的態度激烈化。就是在某一時期左翼人士在知識份子中處於優勢，他們對於實際政治所發生的影響亦屬有限。這從各民主國家的歷次選舉中可以得到明證。例如，1960年代是左翼人士居於優勢的歲月，可是美國大選的結果還是由保守派的尼克森成為總統，法國大選的結果也還是由戴高樂得勝。

從以上之所述中，我們可知熊氏之預斷所以未見實現，實在是由於實際情勢的發展並不像它當初所推斷的

那樣。如果他現在還健在人間，看到事態的發展已有如此差異，我想他是會作出不同結論的。實際上，他當初之所以要提出這種論斷，不像馬克思那樣要對社會發展提出一種不可違背的規律，認爲社會主義必定繼資本主義而起。他只是想從史實與理論的研究中提出未來社會發展的一種假設，一種提示，一種可能性。他的目的是在激發人們的思考。他準備放棄自己的意見，如果發現其間有所謬誤。他是一位科學家，作爲一位科學家，他不「相信」太多的事物。他不會無條件地接受任何理論，這裡也包括自己的理論。在他看來，所有的事物都會改變的。我想這是他畢生所要傳播的訊息。

注 1 ： Schumpeter, Preface to the Japanese Edition of *the Theory of Economic Development*, reprinted in Clemence（ed.）, *Essays*, p.166.

注 2 ： Schumpeter, *Capitalism, Socialism and Democracy*（1st edn. New York: Harper and Brother, 1942, 5th edn. London:

Allen & Union, 1976. pp.11-12.）本章所述以第五版為根據。

注 3 ： 同上注書, pp.22-24.

注 4 ： 同上注書, p.5.

注 5 ： 同上注書, p.61.

注 6 ： 同上注書, p.66.

注 7 ： 同上注書, p.81.

注 8 ： 同上注書, p.83.

注 9 ： 同上注書, p.131.

注 10 ： 同上注書, p.134.

注 11 ： 同上注書, p.139.

注 12 ： 同上注書, p.153.

注 13 ： 同上注書, p.163.

注 14 ： 同上注書, p.167.

注 15 ： 同上注書, pp.175-177.

注 16 ： 同上注書, p.177.

注 17 ： 同上注書, p.250.

注 18 ： 同上注書, p.269.

注 19 ： 同上注書, pp.300-301.

注 20 ：同上注書, p.168.

注 21 ：同上注書, pp.210-218.

注 22 ：同上注書, p.302.

注 23 ：同上注書, p.409.

注 24 ：同上注書, p.61.

注 25 ：同上注書, p.422.

注 26 ：Clemence（ed.）, *Essays*, p.208.

注 27 ：同注 2 書, p.163.

注 28 ：同上注書, pp.131-133.

注 29 ：同上注書, p.142.

注 30 ：同上注書, p.146.

注 31 ：同上注書, p.154.

第九章　晚年的著述

　　熊彼德於 1942 年出版其《資本主義、社會主義與民主》一書後，即開始著述他畢生最後一部的作品《經濟分析史》。當初他只想花幾個月功夫，將他早在 1914 年刊行的《經濟學說與方法》一書，從德文翻譯過來，然後再加以修正就可以了。但他的夫人卻告訴我們，他不久就改變了主意，要另行寫出一部新書，其所以如此，我想那時他已決定要利用這一機會，不但要將經濟學從希臘時代開始的整個發展史加以探究，而且還要將自己多年來對於經濟學所應涉及的範圍、所持的看法作一完整的說明。不但如此，就在他撰寫期間，又發覺自己早期對於經濟發展過程中，企業家所發揮功能的理論已有了新的看法，這又使他不得不對之有所發抒，而寫了一些論文。因此，在本章中，我想分三節來敘述，以示其在晚年仍在辛勤工作，且有卓越的收穫：第一是他的經濟發展理論的刷新，第二是他所持之社會經濟學的要旨，第三是他對整部經濟學發展史之全盤的理解。

一、經濟發展理論的刷新

我們知道，熊彼德是繼馬克思之後對現代資本主義的經濟發展與社會變遷作最廣博的、最能發人深思的分析的學人。他畢生的著述可以說都是圍繞這一課題而寫出的。在這裡最足以揭示其思想之精髓的無疑是他在1911年就已出版的《經濟發展理論》。它的要義我們在第二章中已經交待。簡單地說，他認為促進經濟發展之實現的基本力量是創新。促致這種創新過程成為事實的創新者，熊氏稱他為企業家。因此企業家就成為推動經濟發展的元勳，是經濟發展不可缺少的英雄。

但是，經過嗣後二、三十年的體察與研究，他就逐漸感到這種理論不很美滿，有重加擬訂的必要。這種情形在他於1939年出版的《經濟景氣循環》中就已呈現出來。當時他就將經濟發展之所以發生歸因於創新行為的本身超過了從事創新的企業家。後來在《資本主義、社會主義與民主》一書中同樣表示出他對於上述的這種理論是在刷新的過程中。到了1940年代的後期，哈佛的一位經濟史教授柯爾（Arthur H. Cole）感到要重振哈

佛對於經濟史的研究，就希望熊彼德對此有所協助，結果就商定了從企業家功能的歷史研究著手來進行這一工作。於是一個稱爲「企業家功能研究中心」（Research Center in Entrepreneurial Studies）就告成立，熊彼德就成爲其中的主要成員。這就促成了他對這一問題寫出了下列三篇論文：「經濟史中的創造性反應」（The Creative Response in Economic History, 1947）、「經濟成長的理論問題」（Theoretical Problems of Economic Growth, 1947），與「經濟理論與企業家歷史」（Economic Theory and Entreprenurial History, 1948）。同時，他在1949年國民經濟研究院所舉辦的經濟景氣循環會議（National Bureau of Economic Research Conference on Business Cycles）中提出一篇講演詞，題爲「對經濟景氣循環分析的歷史方法」（The Historical Approach to the Analysis of Business Cycles），其中對於這一問題也提出一些挑戰性的意見。（注1）

從以上各篇中，我們可以看出他對於他早期所提出的企業家功能的理論如何加以刷新，現可略加敘述。他這種新的理論與原來的理論有相同之處，也有相異之

處。相同的是：企業家仍是一位創新者，不是發明家。企業家不是風險的承擔者，資本家才需對其所提供的資本承負風險。企業家始終是一位開創性的人物。一旦他的工作已成為例行性的活動，按照成規去推行時，他就不再是企業家，而是一位企業經理。但二者相異的主要有三點：第一，這時的企業家不再像過去那樣著重是一個單一的人，而可以是一群人。他明白地說：「企業家功能不需體現於一個實質的人，特別是一個單一的實質的人。每一社會環境都有它自己的完成企業家功能的方式。」（注2）這就是說一群人或者一個團隊也可以成為「企業家」。熊氏還強調，「企業家功能可能是而且常常是通過合作而完成的。」（注3）甚至政府也可能會扮演企業家任務。他就舉美國聯邦政府的農業部就曾多次向農民介紹新的種植方法，改變了農民的作為。這就是在發揮企業家功能。

　　第二，他已不像過去那樣將經濟學中之其他定理直接與企業家功能連結起來。我們知道，在其《經濟發展理論》一書中，所有關於利潤、利息、銀行等等一系列的解釋，他都是以企業家的創新理論為基礎而發揮的，

在這幾篇 1940 年代所發表的論文中就不再如此，特別是企業家與銀行之間的關係已有所改變。在他早期的理論中，認為銀行是以創造信用的方式提供企業家以新的資金，使他能進行創新工作。現在他則強調銀行與企業家之間的關係則各國都不相同，他同時也指出銀行為了保護其經營的成功，就須對其顧客的情況予以密切監督，這樣就易引起企業家的不滿，結果就使他們不願向銀行籌借款項而設法自籌資金，以免受到銀行的牽制。

第三，他對於實際資料處理的基本態度有基本的改變。在他大多數的著述中，往往只是告訴我們企業家會採取何種行動，並由而會產生什麼後果。這原是一般理論經濟學所論述的方式，它的目的不是要對事實加以描述，而只是表示有了這些理論後，就可以幫助我們對於事實有所瞭解。但是，儘管我們對於他之成為一位理論經濟學家所提出的識見至為欽佩，我們還是希望他能提供一些資料來支持他的論據。例如他認為由於企業家即將為官僚氣息濃厚的企業經理所替代時，整個資本主義的制度就會趨於沒落。對於這種論據，他能否提出一些實際的資料來加以支持呢？這就是一般人所關心的。現

在我們從他在 1940 年代後期所發表的這些論文中已可
看出，他是在朝這一方向而努力。例如他在其中一文中
就曾如此發問：「企業家功能的重要性隨著時間的演進
而衰落了嗎？」接著就自答道：「其中的確有嚴謹的理
由讓我們相信這一事實。……但是到現在為止這還僅僅
是一種印象。這就有賴歷史學家去證實或推翻。」（注 4）

　　熊彼德認為這種資料不是經濟學家所能提供的。數
學對於經濟制度之邏輯的建立是有用的，但對於實際分
析則功用不大。一個很顯然的理由是經濟社會所發生的
許多事實都無法數量化。而他認為經濟學家大概都有這
樣的弱點，那就是往往會將一些不能數量化的事物當作
並不存在，有時甚至還會將一些不能測度的事物也當作
並不存在。（注 5）對於這些缺失的資料，熊氏認為最
好是由經濟史學家來提供。他在這幾篇論文中就不斷強
調經濟理論家應與經濟歷史家建立起密切的關係，只有
通過事實與理論的密切合作才能對企業家功能有進一步
的瞭解。

　　以上是熊彼德在晚年要對他早年所提之企業家功能
理論加以重訂的要點。但他這些論文都在經濟史的期刊

發表的，大多數的經濟學家幾乎都沒有讀過。其中當然也有讀過的人，例如他的高足戈登文與薩繆森就都曾注意這些論文。（注6）但他們的反應卻都是冷漠的。他們都感到不滿，但他們所不滿的不是熊氏現在著重實際分析，也不是他對創新理論提出一些新的見解，而是他認為數理的計量模型不是經濟學未來研究的主要途徑。

　　但是，我認為如果他能在早日就提出創新不限的單一的企業家，我想他對於資本主義前途的看法絕不致如此悲觀。後來他因為必須在有生之年完成《經濟分析史》的著述，對於這種新穎的理論也就沒有作進一步的發揮，這是很可惋惜的。

二、經濟學的範圍與方法

　　上面已經指出，熊彼德於 1942 年出版其《資本主義、社會主義與民主》一書後即開始著述他畢生最後一部的作品《經濟分析史》。他這部書是花了他最後九年的生命而寫成的。實際上，到他臨終時還沒有真正完成，還要經他的夫人，同時也是一位卓越經濟學家伊利

沙白再花上三年的歲月將之整編，才能勉強成冊。在此
還可一提的是，她為此書之出版不但將他們在哈佛附近
的住宅出售，以應出版所需之各種開支，而且還消盡她
所餘的有限的虛弱生命。她竟未見該書出版而就先逝世
了。

　　他稱這本書為《經濟分析史》，而不是習見的「經
濟思想史」，這是因為他的目的是在表達人對經濟情況
所具有的分析能力，而不是一般關於經濟的思想或意
念。他在書的開始就這樣寫道：「所謂經濟分析史，我
的意思是指人為了瞭解經濟現象，而在學術上所作之努
力的歷史。或者同樣的可以說，是經濟思想中之分析與
科學層面的歷史。」（注7）所以，這是一部「經濟學史」
或者他一度曾想用的「經濟理論發展史」。

　　今天大家都認為這是一部不朽的鉅著，因為他不但
將整部經濟學從希臘以來的發展歷史作全盤的、透澈的
論述，而且還將他自己對於經濟學之性質的理解以及與
其他學科的關係作完整的說明。現在我們就先將後者略
加申述。

　　熊彼德認為任何一項分析工作，在進行之前必須先

要對所分析的事象有所體識。如果所要分析的事物在分析之前都不知道，那麼，分析工作又如何進行？對於這種在分析之前從事體察所得到的情況，熊氏稱之為「意景」或「願景」。（注8）我們知道，熊彼德非常關心經濟學家是否受到意識形態的影響。他認為經濟學家是不能受意識形態之影響的，因為這樣就使他無法保持自己之科學家的身分，以求出事實的真相。他曾為此而於其於 1948 年就任美國經濟學會會長時，作了一次以「科學與意識形態」（Science and Ideology）為題的講演。（注9）

因此，他認為「現代經濟學中就須研擬出一套規則，俾能將一些意識形態的觀念找出來而予以去除。」（注10）但是「意景或願景的形成幾乎必定與意識形態分不開的。」（注11）試想一個人在他心目中認為已看到的事物的形象又如何與他平日所持的意識形態劃分清楚，認為這些都是客觀的事實而不是主觀的意想（idea）呢？那麼在這種情形之下，我們又該怎麼處理呢？熊氏認為，儘管如此，他還是不能因反對意識形態而去除對於事物所提出的意景或願景，因為如果沒有意景或願

景，經濟學家將無法找到他所要分析的事象，這樣就不會有經濟學的產生了。實際上，這種意景或願景已成為經濟學的組成部分。這時關係重大的是經濟學家必須將他的願景先交待清楚，以便大家都能瞭解他所做的工作是有其侷限的。

　　熊彼德認為每個偉大的經濟學家都有一個他自己對於經濟事象之原始的看法，也就是都有一個有關經濟世界的意景或願景。以他自己論，他所看到意景就比較廣闊，認為經濟學應包括四個部門：經濟史、統計學、經濟理論與經濟社會學。為了確切地表達他的見解，他就引用德文對於這種經濟學所用的術語 sozialokonomik（他將之英譯為 social economics，有時則簡譯為 economics 或 scientific economics）。他的意思是，這種經濟學與英國經濟學家馬夏爾於 1890 年將原來所謂的政治經濟學（political economy）改稱為經濟學（economics）具有同樣的性質。至於政治經濟學一詞則表示經濟分析與政治意識形態相混合，這樣就將經濟學的科學性完全毀壞了，是不可取的。這一德文名稱前已提到是德國學人韋伯所創。他鑒於當時德國學術界從事一場激烈的

「方法論戰」（methodenstreit）以後，已將經濟學分爲二種科學，一種是奧國孟格的理論經濟學，一種則爲德國斯摩勒爾的歷史經濟學。他認爲這是很不幸的，乃提出一種廣博的經濟分析，將二者合併而爲一，而稱之爲社會經濟學。後來他認爲還應將經濟社會學也包括進去，成爲其中的第三個部門。由此可見，熊氏之提出這種經濟學很受韋伯的影響，儘管他在維也納大學攻讀時的老師亦多有類似的主張。現在我們就可將其中所包含的四個部門分別略加申述，以示熊氏對經濟學之性質的識見。

1.經濟史

他認爲這是四個部門中之最重要的一個。他曾如此說，「如果我能重新開始研究經濟學，同時又規定我只能在這些基本部門中選擇一個，那麼，我就會選經濟史。」（注12）他列出三個理由說明何以經濟史是如此重要。（注13）

第一，經濟學研究的題材實質上都是歷史時間中的一個獨特的過程。沒有一個人能對任何一種經濟現象有

所瞭解，包括現時的經濟現象，如果他對歷史事實沒有相當的知識，對歷史意識或者歷史經驗沒有相當的素養。

第二，歷史報告不可能是純粹經濟的，其中必定不可避免地要反映非經濟的「制度」的事實。因此，歷史就是最好的方法，以找出經濟的與非經濟的事實的關聯，以及各種社會科學之間的相互關係。

第三，在當前經濟分析中，許多基本錯誤之所以產生，由於缺乏歷史經驗要比由於經濟學家之其他缺失所導致的多得多。

2.統計學

對經濟學論，統計數字是非常重要的。實際上，至少自從十六到十七世紀以來，經濟學家就已體認這種重要性。例如，當時西班牙的大部分政治著作就包括統計數字的蒐集與解釋，更不用說英國的經濟計量學家與他們在法國、德國與義大利的同僚之所為了。我們之所以需要統計學並不僅僅是為了解釋事實，而且還為了要明確瞭解究竟所要解釋的是些什麼事實。對於這些統計數

字，如果沒有明白它們是怎樣編成的，是不可能瞭解其意義的。同樣的，如果對於產生這些數字的方法一無所知，要想從中尋找資訊或者瞭解許多專家為我們所提供的訊息，也是不可能的。因此，對現代統計方法有相當運用的能力是使經濟學家不致提出毫無意義的意見之必要（但不是充分的）條件。（注 14）

3.經濟理論

熊彼德認為這是經濟學中的第三個基本部門，不是第一個。經濟理論這個名詞含有許多意義，但其中只有二項是他所要討論的。第一，所謂理論實在就是「解釋性的假設」（explanatory hypothesis）的同義詞。熊氏認為，這種理論是經濟學家用來對其腦海中某一特殊問題提出的一些解釋。例如，他可以說，某一商品的價格在某些情況之下，可以在某一範圍之內趨於穩定。但是，他認為這種理論並不很重要，更重要的是另一種理論，這種理論是將重點置於概念或意想的本身。以上例論，這種理論就要說明社會上是有所謂「價格」，同時它也的確可以「穩定」。對於這種概念或意想，他稱之為

「工具」。這些工具是用來分析事實，使我們能由而得到這些事實的形象。他說這種概念與「第一種解釋性的理論不同，它們沒有蘊含一些重要的最後研究結果，而只是為了得到一些重要結果的儀器或工具而已。」（注15）這些工具伴以一些輔助性的技巧，諸如邊際替代率、邊際生產力、乘數、加速數等等，就構成了整部的理論。因此，他就借用羅賓森夫人之適切無比的言詞，經濟理論實就是「一箱工具」（a box of tools）。

4.經濟社會學

　　熊彼德認為有了理論、歷史與統計這三方面的結合，的確可以將經濟現象的研究進行得相當透澈了，但他認為其中還缺少了一些事物，這就是他所謂的經濟社會學。因為經濟理論的研究總不免要牽涉到社會制度。這些諸如財產、繼承、契約、家庭等等制度，在性質上一部分是經濟的，也有一部分是非經濟的。其中經濟的部分如價值、價格與貨幣等固可由傳統的經濟理論研討，非經濟的部分必須由經濟社會學研討。這些非經濟的部分同時也是歷史學家所常涉及的。因此，經濟社會學也

可以說一種特殊型態的經濟史。（注16）

　　由此可見，在熊氏心目中，經濟學的範域很廣，其與其他社會科學的關係也很密切。他也知道，我們不能期望一般經濟學家對上述之四個部門都能有確切的理解，但他認為在訓練一個經濟學家時，應該以使他對於這四方面都有相當素養為目的。實際上，他在寫《經濟分析史》時所要寫的，就是這種科學的經濟學的全部內容之發展歷史。不待言，這一工作非常艱鉅。他曾謙遜地表示，由於自己學力有限，所能完成的只是一個潦草的初稿。（注17）但是，我們知道，經濟學研究的範圍自二十世紀以來就開始減縮，其中的歷史的與社會的成分已日益減除，到今天所謂經濟學幾乎就已成為一種純粹的理論經濟學，與其他社會科學的關聯幾乎完全斷絕。這種發展顯然是不健康的，許多人就想對此有所改進。既然如此，則熊氏的這種社會經濟學的見解就很值得重視的了。

三、經濟科學的演進

在熊彼德的心目中，經濟學史並不是經濟學中的一個獨特的部門，而是經濟理論研究的一個層面。他認為事實與邏輯是經濟理論的基礎，而理論則為一套用來分析經濟事務問題與政策的工具與技術。這些技術與工具的歷史是經濟理論的組成部分，是這種科學如何發展與進步的紀錄，是經濟科學家所必須具備的知識。

正由於他有這種看法，就無怪乎經濟學史一直成為他畢生所喜愛研究與講述的課題。早在他二十六歲首次在 Czernowitz 大學任教時，所講述的就有這一門課程。後來轉赴美國哈佛大學任教時，亦常有這門課程的開出。當他在前一學校時，就有《經濟學說與方法：一個歷史的素描》的出版，而在後期又有《經濟分析史》的著述。這二本書自然脈絡相承，後者可謂為前者之發揚光大。前者我們在第二章中已有介紹，現在試略述後者的大要，以瞭解熊氏對於經濟學史上重要人物之貢獻的評估。

他這部書篇幅非常浩瀚，以小字體刊印就已有

1,260頁之多，實爲一部內容最爲豐富、最爲充實的經濟科學史。其中分五篇來討論，第一篇是導論。在這裡他首先要說明我們何以要研究一門科學的歷史，首先他認爲這是因爲經濟學是一種以社會爲依據的學問，是社會的產物，而社會是不斷演化的，既然如此，我們自須對經濟學的發展歷史有所體識。其次，經濟學的進步是累積而成的，因此，對其所研究的過去情況與問題如沒有相當瞭解，自不可能對經濟問題之目前分析的性質及其重要性有確切的領悟。

接著他提出經濟學之科學性的問題，這就要決定於何謂科學。他說所謂科學是一種曾爲人努力加以改進的知識，他並進而將之簡化：（1）科學是一種經過修煉的常識（refined common sense）。（2）科學是一種使用工具的知識（tooled knowledge）。（注18）經濟學是使用一套不同的方法、定理與概念來分析經濟過程與問題的學問。這些方法、定理與概念也就是熊氏所謂的工具，所以經濟學也是使用工具的科學。唯其如此，這就意示它與物理學極爲相似。但二者之相似也僅限於此，其他則迥然而異。簡言之，物理學是一種自然科學，而

經濟學則爲一種社會科學，是一種包含廣博的社會經濟學。這種社會經濟學就包括經濟史、統計學、經濟理論與經濟社會學四個部門。這在上一節已加以說明。他這部經濟分析史所要討論的也涉及這四個部門，這也是它的篇幅之所以如此浩瀚的原因之一。

　　第二篇討論希臘到 1790 年的經濟學發展。在這裡，熊氏主要提出每個主要人物的貢獻。例如，以亞里斯多德論，他首先提出他在經濟社會學方面的貢獻，如國家與私有財產的起源以及奴隸制的產生。接著討論他對純粹經濟學的貢獻，提出他對價值、貨幣、利息等等的見解。對於當時的經濟史則略加描述，當時尚無統計學的存在，但其中亦曾有論及十七與十八世紀時之經濟計量學的開創。

　　在傳統上，一般都認爲在古典學派出現以前，經濟思想上並無多大的貢獻。許多人認爲亞當斯密於 1776 年出版的《國富論》是第一部經濟學的著作，亞當斯密就是經濟學的創始人。但熊彼德則不以爲然，他認爲「《國富論》沒有提出一個在 1776 年時是完全嶄新的、分析的思想、原理或方法。」（注 19）亞當斯密不過是

將當時已有之見解加以綜合。因此，熊彼德認為《國富論》不是一部創始性的書，而是一種偉大的綜合性的典籍。

熊氏認為十七、八世紀時彼第（William Petty, 1623-1687）、康特隆（Richard Cantillon, 1680-1734）與甘納是最值得推崇的。康特隆是第一個提出「經濟循環運行」這種概念的人，他雖沒有像甘納那樣具體地將這種概念簡要地縮為一張「經濟表」（tableau economique），但是實際上二人的見地極為相似。（注20）的確，在熊氏心目中，甘納及其門徒與杜哥（Amne Robert Turgot, 1727-1781）這群重農學派對於經濟學在孕育時期的貢獻是非凡的。儘管有些意念是在他們之前亦已有人提及，但是對於理性經濟過程中之投入與產出的決定，無疑是他們首先提出的。後來亞當斯密就將重農學派的這種分析吸收在他那部鉅著中，這樣就轉而成為英國古典學派傳統的一部分。

第三篇是討論古典時期（1790-1870）。這時經濟史再度成為討論經濟發展的背景資料，其中有一節討論統計學。他說在這些歲月中，儘管統計學有了巨大的進

步，但統計學家的純粹理論與經濟學家的純粹理論，差不多是處於完全隔絕的狀態。（注21）經濟社會學則在一節稱為「經濟過程的制度結構」中敘述。（注22）當中熊彼德說，古典作者基本上視社會制度為已知，結果是他們並不認為他們的經濟分析是只有在某些條件之下才能生效，這就是國家對於經濟不予干預，市場是自由競爭等等。以經濟學理論，熊氏對於法國的康諾特與德國的粟農（Heinrich von Thunen, 1783-1850）極為推崇。對英國古典學派則不很重視，認為他們的貢獻有限。更使他感到不快的是，他們為極力鼓吹自由貿易與自由放任政策而提出一些簡單的理論。因為這樣就將爭議帶入經濟學，減少了它的科學性。熊氏特別對李嘉圖批評甚烈，認為他不是對基本理論或一般推理有特殊興趣的人，而只是想對於一些實際問題提出一些簡單的結論。為了達到這一目的，他就提出許多假設將相關的問題加以解答，結果所剩下的就只有幾個總合的變數。對於這些變數他就假定其間所保有的是一種單向的關係，結果他所想要達到的結論也就自然而然明顯地出現了。例如，他的一項著名的理論是利潤決定於小麥的價格，

這在他假設其他條件不變情形之下，自然就成爲應有的結論，無可懷疑。對於這種應用假設以求出結論而解決問題的辦法，熊氏稱之爲「李嘉圖的惡習」（Ricardian vice）。（注23）

熊氏認爲李嘉圖之最大的貢獻是他的領導才能。當時許多經濟學家都擁在他的旗幟之下，因爲他所揭櫫的自由貿易等主張正是他們所想要相信的。他們之追隨李嘉圖不是因爲他的分析卓越，而是因爲他們相信，他從分析中所產生的政策，正爲他們自己所相信的那樣，能爲工業化過程中之英國統治階級的利益而服務。結果李嘉圖也就這樣主導著整個英國古典學派的發展，到了彌爾（J. S. Mill, 1806-1873）乃完成了整個體系。

第四篇是討論1870-1914年間的發展。在這期間，經濟學家都採取古典學派的制度假設，而沒有利用當時社會學家所提出的論據加以發揮。同時，儘管當時統計學已很發達，大多數經濟學家則都不加理會。（注24）不過，在經濟理論上則由於吉逢斯、孟格與華爾拉有邊際效用理論的提出而引起一場大革命，使經濟學能達成熟階段。熊彼德對於三位大師都很推崇，而對華爾拉則

特別愛戴。他曾如此說，自從經濟學被視為一種科學以來，所面臨的重大困難是要探索其中的「基本問題」。數百年來許多經濟學家都朝此方向而努力，但成功很少。一直到華爾拉「提出一系列方程式，說明一套互相依存之數量如何獲得（靜態）的均衡，才創立了經濟學理論上的大憲章。」（注25）因此，他認為華爾拉是「歷史上最偉大的經濟學家。」（注26）但是這種邊際效用與生產力的理論能成為一時的風尚則是經過一些挫折的。許多人曾長期不接受這種新的思想，許多人則不瞭解或不能瞭解這些思想。許多人為隱伏在這種新古典經濟學之後的數學結構，它對於微積分的依賴，它的非歷史的性質，以及它表面上所呈現的機械的安排所吸引。但這同時也引起許多人的反對。不過，大多數人士之最後還是被馬夏爾耐心的綜合工作所說服。他那部於1890年出版的《經濟學原理》雖然表面上是非數理的，但實質上與華爾拉著作之數理性並無差異。

　　第五篇是討論第一次世界大戰以後的發展。這一篇與第一篇一樣都非常簡單，顯然是受了時間的限制並沒有暢所欲言，因為這兩篇都是在完成了當中三篇之後才

著手撰述的。儘管我們由而還是可以看出他對經濟學之最近發展的看法，例如，他曾指出由於現代經濟計量學的興起，則統計學與經濟理論的結合終於達成。（注27）他又說，以技術論，1945年的經濟理論要比1900年的「高明多了。」（注28）但是，「同時也須承認基本上是嶄新的觀念幾乎完全絕跡。」（注29）今天的經濟學家基本上都是生活在華爾拉、孟格與吉逢斯的傳統之中。熊彼德特別感到失望的是，他這一代沒有能提出一套動態的一般理論。他說，「我們要做的並不是要補充靜態理論，而是以一套動態的一般理論來替代它。在這套理論中，靜態理論是以一種特殊的案例而參與。」（注30）

　　以上是他畢生最後一部著作的要點，當這書出版後許多經濟學界的鉅子都曾加以評論。一般都認為這是空前的傑作，但亦有指出其中仍有些缺失。例如，對於亞當斯密與李嘉圖的評估則有欠公允。在這些書評中，沒有一人提到他對於經濟學應包括四大部門的見解，這也許可以看出今天經濟學家的視野都相當狹隘，以致不敢略贊一詞。實際上，經濟學欲求進一步的發展，對於其他社會科學的情況是不能漠無所知的。

注 1 ： 以上的論文都重印於 Clemence（ed）, Essays.

注 2 ： 同上注書, p.260.

注 3 ： 同上注書, p.261.

注 4 ： 同上注書, p.229.

注 5 ： 同上注書, p.238.

注 6 ： Samuelson, "Schumpeter as a Teacher and Economic Theorist", p. 30.

注 7 ： Schumpeter, *History of Economic Analysis*, p.3.

注 8 ： 同上注書, p.41.

注 9 ： 此一講詞刊於 *American Economic Review*, March 1949, pp.345-359.

注 10 ： 同注 7 書, p.44.

注 11 ： 同注 7 書, p.42.

注 12 ： 同注 7 書, p.12.

注 13 ： 同注 7 書, pp.12-13.

注 14 ： 同注 7 書, p.14.

注 15 ： 同注 7 書, p.15.

注 16 ： 同注 7 書, p.20.

注 17 ： 同注 7 書, p.21.

注 18 ： 同注 7 書, p.7.

注 19 ： 同注 7 書, p.184.

注 20 ： 同注 7 書, p.222.

注 21 ： 同注 7 書, p.525.

注 22 ： 同注 7 書, p.544.

注 23 ： 同注 7 書, pp.472-473.

注 24 ： 同注 7 書, pp.961-962.

注 25 ： 同注 7 書, p.242.

注 26 ： 同注 7 書, p.827.

注 27 ： 同注 7 書, p.1141.

注 28 ： 同上注。

注 29 ： 同注 7 書, p.1145.

注 30 ： 同注 7 書, p.1160.

第十章　熊彼德之歷史地位的確定

　　自從 1901 年熊彼德進入維也納大學開始研習經濟學以來，他就立志要成為世界上「最偉大的」經濟學家。到了 1950 年逝世時止，他這項願望可以說大致上達成了。我說是「大致上」，因為他沒有成為「最偉大的」，但他確已成為「偉大的」經濟學家之一。對於這一點，我們可以引他在哈佛大學的同事，也是維也納大學後期的同學哈伯勒為他作的一篇悼文中的一段話來說明。他說：「熊彼德是曠世罕見的偉大的經濟學家之一。他之能得到這一稱號……是在於他的成就不僅僅限於經濟學之本身而已，還及於其他方面。……就經濟學科論，其中自有更富才藝的數理經濟學家，有更賦機智的統計學家，有比他對於某些時期某些事件知之更多的歷史學家，但能成為對經濟學中所有各部門都精通的淵博學人，熊彼德在當代經濟學家中所居的地位是無人可以倫比的。」（注 1）但是，儘管如此，當他於早期出版其二部主要著作以來，卻一直不為德奧經濟學界所重視，這自然是由於那場熱烈的研究方法論戰後所造成的後果。當時歷史學派屬於優勝地位，主導了整個經濟學界。儘管熊彼德總是持中立的態度，但仍無法掩飾其偏

重理論經濟的立場，其著作之被打入冷宮自亦可以理解。到了 1932 年，他轉到哈佛以後，這種情勢自然不存在了，大家對其卓識自然不勝欽佩。但到了 1940 年代，他精湛的學養卻不能完全爲人所讚賞，而盡情地射出它的光芒。其所以致此，可以說有二個原因：第一，當時經濟學已逐漸數理化，由於他的經濟發展與經濟循環理論偏重歷史的制度的與社會的分析，不能或不易以數量來表達，許多學子就認爲有些陳舊的了，而紛紛轉而研習一些新穎的數理成長模型，如哈羅－杜馬（Harrod-Domar）的，這樣熊彼德就被冷落了。諷刺的是，數理方法原是熊彼德於參加哈佛陣營時所首先極力倡導的，而且還曾自告奮勇願擔任該校經濟系首次開設的數理課程。但是，終於由於自己在這方面的素養有限，不能靈活運用，致遭到漠視，這恐怕是他當初所沒有料到的。

第二，當時一般學子對於熊氏之認爲經濟學家不應參與政策的爭議而應持超然態度的主張頗不以爲然。他們認爲，經濟學家的任務主要是要對經濟問題的解決有所獻替，不能置身事外，純事抽象理論之探討。正在此

時，英國凱恩斯的思想與政策傳入哈佛，在校園中掀起一陣旋風，許多學子都紛紛競求理解。不久以後，韓森教授亦摒棄其傳統的觀點，轉而接受凱恩斯的分析，結果哈佛竟成為美國推展凱恩斯革命的根據地。這樣熊彼德自然就更被冷落了。

但是，這種情勢並不能持久，二、三十年後熊彼德就恢復了他在經濟學上的聲響。現在我們不妨對這種演變略加追述。首先可從凱恩斯所引起的影響說起，當時他所提出的政策可歸納為下列三點：

(1) 透過國際合作，推行一種可調整的固定匯率制度，以達成國際收支的均衡。

(2) 推行赤字財政支出，管理全國需要總額，以達成充分就業與高度成長。

(3) 擴展政府部門的操作，以達成國民所得的安定及其分配的平均。

對於這套政策主張，許多學人都很嚮往，認為自己終於找到了可為大眾謀求福利的方策，而感到非常欣

慰。於是經過對其所以產生的理論根據加以研究以後，他們就相信自己的政策知識已很豐富。只要政策目標確定，他們就能據而建立模型，透過一些數學方程式，求出相關的數字而提供達成這種目標的手段。的確，當時他們是如此的自信，認爲自己能將經濟社會中的各種變數加以適切的調整，而達成美滿的結果。今後將不會再有強烈的經濟景氣波動了。

那麼，實際的情形又如何呢？當時在這套政策運行之下所產生的成績的確還不壞。在 1950 年代與 1960 年代之間，世界上之工業國家的確都在穩定中成長，每年的成長率都在百分之四與百分之五之間，要比過去二三十年的高出一倍。這就無怪乎希克斯（J. R. Hicks）要稱二十世紀之第三個二十五年爲凱恩斯時代。（注 2）

但到了 1970 年代的後期以及 1980 年代，情勢則改變了。經濟景氣循環回來了，而且還變本加厲。所有物價、國際貿易收支、政府稅收與支出、失業、生產力、經濟成長等等都表現得反常，特別是通貨膨脹甚至當經濟不景氣時仍然繼續不停。財政赤字則擾亂了整個金融體系，破壞了整個經濟社會的安定，若想將之消除又怕

會引起另一次蕭條。如此進退失據，不知如何措置，絕不是當時信心十足的經濟學家所能預期的。

接著我們可以看看經濟學數理化的結果又如何？上面曾提到熊彼德極力鼓吹數學應用於經濟分析，他這種鼓吹是正確的，而且的確奏效了。自他逝世以來，經濟學的理論部分幾乎成為數學的附庸，是應用數學的一個部門，一篇論文如果沒有應用數學來分析幾乎已不成為經濟學的論文了。但是經濟學家在這樣急急忙忙地邁向數理化的過程中，也許沒有留意到熊氏在提出這種忠告的同時，也曾說所運用的數字必須以經濟情況為根據，必須能充分反映經濟社會的真相。結果所提出的許多模型都是些空中樓閣，不切實際。不但如此，他還進一步地說，數學對於經濟體系的邏輯建立是有用的，但對於實情分析則功用不大。一個最顯然的理由是，經濟社會所發生的許多事項都是無法數量化的。而且他還認為經濟學家，如前所指出，大概都有這樣的弱點，這就是常會將一些不能數量化的事項視若無睹，好像沒有發生，有時甚至還會將一些不能測度的事物也當作並不存在。（注3）這樣數理化以後所獲的結論自然就不足為信的

了。

　　從以上二點的說明中，我們可以看到在 1970 年代
後期以後，大家對於凱恩斯之分析的信心自然就漸漸地
動搖了，而要求經濟問題的解決也就漸漸地感到必須從
其所以發生的根源入手，方克有濟。這也就是說，我們
必須從經濟的基本層面入手分析，例如經濟活動是怎樣
引起的，又怎樣會繼續發展下去等等問題都須有所瞭
解。不能只求短期調適，而應重視長期成長。於是，被
冷落了的熊彼德的理論也就在這種情勢之下，逐漸為人
所憶起。那麼這又是些怎樣的理論呢？現可從以上各章
之所述中，亦歸納成三點來說明。

（1）對於經濟學之性質的體識：他認為經濟問題的
　　　解答必須從歷史、統計、理論與制度等四方面
　　　同時入手分析，才能獲得美滿的結果。
（2）對於經濟發展理論的發掘：他認為企業家的創
　　　新是促進經濟不斷發展的源泉。經濟社會的景
　　　氣循環基本上是來自創新行為的變化。
（3）對於社會變遷理論的闡釋：他認為資本主義必

將由社會主義所代替。但他沒有提出時間表，也不保證今後社會演化過程中不會發生特殊事件而阻擾了這種轉變。

到了 1983 年，這是他的百歲冥壽。許多學人就感到這是對他在學術上的貢獻作一次重新評估的最好機會。同時，也在這一年，凱恩斯亦正百歲冥壽，而馬克思則逝世了。於是，世界各地就紛紛有紀念會的舉行，以重溫這三位巨人的成就。以熊彼德論，他的母校維也納大學還特別創設一個「熊彼德講座教授」（Schumpeter Professorship），每年遴聘最傑出學人一位擔任之。在這些對他之評論的文章中，一般都認爲他對經濟學性質的見解是當代學人必須深切考慮的。如果經濟學要有進一步的發展，這恐怕是一條途徑。其次，他的經濟發展之創新理論，不但對經濟發達國家是適切的，就是對於經濟後進國家也是有效的。至於他的資本主義將被社會主義所接替的預言是沒有實現。但如上面指出，他沒有提出時間表，他只依據他當時所看到的情勢作出判斷，他並不認爲將來的情勢不會發生其他的變

化，所以無傷其爲說明事實之科學家的基本立場。

　　正由於這些貢獻，德國經濟學家甘爾希（Herbert Giersch）在他的一篇紀念論文中就曾如此說：「如果二十世紀的第三個二十五年可稱爲凱恩斯時代，那麼二十世紀的第四個二十五年也許可稱爲熊彼德時代」。（注4）同時當代著名的評論家杜拉克（Peter Drucker）亦說：「在兩次世界大戰之間沒有一個人比凱恩斯更有才華，更爲聰明。相反的，熊彼德則平淡無奇，枯燥乏味，但他有智慧。聰明可風光一時，智慧則可顯耀千秋。」（注5）現在二十世紀是過去了，甘爾希的預言似乎沒有實現。但鑑於 1990 年代後，有所謂知識經濟（knowledge-based economy）的興起，而所謂知識經濟無非是要將精密、新生的知識應用於實際的經濟活動，以增進經濟發展與成長，這不正就是熊彼德所謂的創新？既然如此，那麼熊彼德實爲今天所謂的知識經濟的先驅者。這樣看來，熊彼德的思想到今天還在默默地支配著人心。

　　基於以上的敘述，熊彼德在經濟學史上的卓越地位自可與亞當斯密、馬克思、華爾拉、馬夏爾、與凱恩斯

等同列，當無疑異。現在一個專為研究他的思想的「國
際熊彼德學會」（International Joseph A. Schumpeter
Society）已於 1986 年成立，每年都有研討會的召開與
專刊發行。長此以往，他的思想必能發揚光大，自可預
期的。

注 1： Haberler, "Joseph Alois Schumpeter", *QJE* 64, No.3, pp.
337-372.

注 2： J. R. Hicks, *The Crisis in Keynesian Economics*, （New
York: Oxford University Press, 1974）.

注 3： Clemence, *Essays*, p.236.

注 4： H.Giersch, "The Age of Schumpeter", *American Economic
Review*, May 1984.

注 5： *Forbes Magazine*, 23 May, 1983.

附　錄　　重要名詞英中對照

國家圖書館出版品預行編目資料

偉大經濟學家熊彼德／施建生著.--第一版.
-- 臺北市：天下遠見，2005〔民 94〕
面； 公分. --（財經企管；CB310）

ISBN 986-417-461-4（平裝）

1.熊彼德（Schumpeter, Joseph Alois, 1883-1950）－傳記
2.熊彼德（Schumpeter, Joseph Alois, 1883-1950）－學術
思想－經濟

550.1872   94004004

閱讀天下文化，傳播進步觀念。

- 書店通路 ─ 歡迎至各大書店・網路書店選購天下文化叢書。

- 團體訂購 ─ 企業機關、學校團體訂購書籍，另享優惠或特製版本服務。
  請洽讀者服務專線 02-2662-0012 或 02-2517-3688＊904 由專人為您服務。

- 讀家官網 ─ 天下文化書坊
  天下文化書坊網站，提供最新出版書籍介紹、作者訪談、講堂活動、書摘簡報及精彩影音
  剪輯等，最即時、最完整的書籍資訊服務。

  www.bookzone.com.tw

- 閱讀社群 ─ 天下遠見讀書俱樂部
  全國首創最大 VIP 閱讀社群，由主編為您精選推薦書籍，可參加新書導讀及多元演講活
  動，並提供優先選領書籍特殊版或作者簽名版服務。

  RS.bookzone.com.tw

- 專屬書店 ─「93巷・人文空間」
  文人匯聚的新地標，在商業大樓林立中，獨樹一格空間，提供閱讀、餐飲、課程講座、
  場地出租等服務。
  地址：台北市松江路93巷2號1樓　電話：02-2509-5085

  CAFE.bookzone.com.tw

財經企管 ⑩

偉大經濟學家熊彼德

作　者／施建生　著
系列主編／鄧嘉玲
責任編輯／劉家瑜
封面設計／特約美編／吳慧妮

出版者／天下遠見出版股份有限公司
創辦人／高希均、王力行
遠見・天下文化・事業群　董事長／高希均
事業群發行人／CEO／王力行
出版事業部總編輯／王力行
版權部經理／張紫蘭
法律顧問／理律法律事務所陳長文律師、太穎國際法律事務所謝穎青律師
社　　址／台北市 104 松江路 93 巷 1 號 2 樓
讀者服務專線／（02）2662-0012
傳　　眞／（02）2662-0007；2662-0009
電子信箱／cwpc@cwgv.com.tw
直接郵撥帳號／1326703-6 號　　天下遠見出版股份有限公司

電腦排版／立全電腦印前排版有限公司
製版廠／立全電腦印前排版有限公司
印刷廠／崇寶彩藝印刷股份有限公司
裝訂廠／明輝裝訂有限公司
登記證／局版台業字第 2517 號
總經銷／大和書報圖書股份有限公司　　電話／（02）8990-2588
出版日期／2005 年 3 月 22 日第一版
　　　　　2012 年 10 月 1 日第一版第 2 次印行
定價／300 元
ISBN：986-417-461-4
書號：CB310

BOOK zone　天下文化書坊 http://www.bookzone.com.tw

相信閱讀

Believing in Reading